A CULTURA
POLÍTICO-MUSICAL
BRASILEIRA

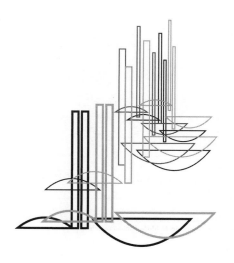

BIBLIOTECA AULA
Musa Música
Volume 7

© copyright Waldenyr Caldas, 2005

Christiane Wagner
CAPA, DESIGN GRÁFICO E FOTOS

Claudio Tozzi
Carlos Fajardo
Rubens Gerchman
OBRAS DE ARTE

Maria Luíza Favret
REVISÃO

Dados Internacionais de Catalogação na Publicação (CIP)
(Câmara Brasileira do Livro, SP, Brasil)

Caldas, Waldenyr
    A cultura político-musical brasileira / Waldenyr Caldas.
– São Paulo : Musa Editora, 2005. -- (Coleção Musa. Biblioteca aula ; 7)

    Bibliografia.
    ISBN 85-85653-81-7

1. Brasil - Política e governo
2. Cultura - Brasil 3. Música popular (Canções etc.) - Brasil
I. Título. II. Série.

05-7827   CDD-306.4840981

Índices para catálogo sistemático:
1. Brasil : Cultura político-musical :
Sociologia 306.4840981

Todos os direitos reservados.

Musa Editora Ltda.
Rua Cardoso de Almeida, 985
05013 001 São Paulo SP
Tel/fax (5511) 3862 2586 / 3871 5580
www.musaeditora.com.br
www.editoras.com/musa
www.musaambulante.com.br

WALDENYR CALDAS

A CULTURA POLÍTICO-MUSICAL BRASILEIRA

PREFÁCIO
Moacir Amâncio

Sumário

Prefácio   11

Introdução   23

I	Das origens coloniais	31
II	Independência e música	35
III	A canção no governo de Nonô	47
IV	A bossa-nova	79
V	A bossa-nova se politiza	87
VI	O definhamento da democracia	107
VII	A volta da caserna	119
VIII	O Exército avança	147
IX	A abertura política	197
X	O governo Figueiredo	207

Referências bibliográficas   219

Prefácio

A música popular é um termômetro riquíssimo da realidade – esse é mais um lugar nem sempre percebido no que tem de interessante. Nas suas diversas modalidades e épocas estão registradas as emoções e as idéias na voz dos artistas que se tornam, mesmo sem querer (e talvez aí esteja o melhor) não a voz do dono, mas a voz do povo. O poder sempre soube disso e, de modo coerente, tenta com freqüência cooptar os criadores de música popular, transformando-os em propagandistas do governo de plantão, sobretudo quando não democrático. Os exemplos são vários e constantes, como vemos neste novo trabalho de Waldenyr Caldas. Um salto que abrange a questão desde a colônia até o final da ditadura militar.

De certo modo, o ensaísta utilizou a própria fórmula dispersa da expressão musical popular a fim de organizar sua obra, ou seja, de encontrar o fio condutor da história. Surge daí a possibilidade de um ponto de vista talvez surpreendente. Temos uma inversão e, se quisermos, uma subversão, pois em vez dos enfoques a partir dos postos do poder, que pretendem conduzir a história, ressalta o oposto. O contraponto crítico dessa história, que permite o encaminhamento das análises para territórios nem sempre vislumbrados.

Não é uma história de fatos, não é uma história sistemática. Mas é uma história emocional, humorística, irônica, patética, que faz do fato político uma totalidade humana. A vibração vital é inerente. A cada vez que ocorre a intervenção oficial com a finalidade de reprimir os autores, também ocorre de modo simultâneo um processo de deslegitimação. Com reação do público: composições manipuladas passam pelo simples descarte e tendem a ser esquecidas. A profundidade e duração do repúdio varia conforme a época e o interesse imediato dos textos, mas ele existe e pode atingir mesmo uma rara composição feita por encomenda que, entretanto, consegue expressar algo legítimo e fora de controle do poder contaminante.

O autor desta obra, sociólogo de formação, elabora o ensaio com a sensibilidade de um assobiador que nos seus trinados imprime o ritmo da rua por onde caminha. É o ouvido atento que permite captar o espectro contido nas canções. Caldas comprova a lição de Noel, segundo o qual ninguém aprende samba no colégio. Muito bem, mas sem o colégio não teremos pesquisa e análise, uma crítica essencial, pois sem ela não se forma a dinâmica que caracteriza uma cultura. O perigo nestes casos é a escorregadela para o populismo, que ele sabe manter à distância. Seu livro contém emoção e é didático – aí está a mão do professor –, o que contribui para transformar a obra também num curso bem concentrado sobre a história política brasileira. Ele fornece o dado e também possibilidades de interpretá-lo. Mostra como as mudanças de estilo não ocorrem só no campo das artes. Há uma simbiose. A arte é forma, o poder vai e deforma.

Há muitos exemplos de estultice nos modos utilizados pelos governos para impedir a expressão artística, o que normalmente fica por conta da ignorância dos agentes utilizados para isso. No entanto, nem sempre os brutamontes são incumbidos da tarefa. Há intelectuais envolvidos. A censura nem sempre comete o erro banal de buscar apenas o conteúdo, esquecendo a forma. Para os esquemas de repressão resulta claro algo que nem sempre os artistas têm em mente, isto é, o conteúdo está na forma.

Desde o império, a repressão à música e à dança de origem africana deixa isso evidente. E o mesmo se repetirá república adentro. Não se trata de reprimir determinado aspecto, mas o conjunto, o que está expresso e quem expressa – a figura do artista se transforma no emblema de seu mundo. E é esse mundo que deve ser moldado ou suprimido. A aniquilação ronda o horizonte. Trata-se de uma constante, com altos e baixos – o livro vai contra o mito perverso de que o período de censura seja benéfico para a criatividade artística por si só.

Um dos momentos mais reveladores nesse sentido é o episódio da malandragem do samba carioca em confronto com o formalismo social do Estado Novo e a ideologia fascistóide do trabalho como panacéia para os males do país. A composição musical não obedece a nenhuma segunda ou terceira intenção do autor. Não há pretensão política como os politizados entendem ou entendiam De qualquer modo, a própria expressão de um modo de vida se torna profunda e radicalmente política, mesmo subversiva.

Uma subversão que tende a escapar pelas garras repressoras, pois ela não pode ser compreendida em sua integralidade, como acontece com a sistemática dos partidos de esquerda, por exemplo, que fazem parte do jogo, são arestas de um mesmo dado. O pré-político foge à direita, passa pela esquerda, resvala no centro e ricocheteia. Um pré-político que de repente será pós e metapolítico, algo desnorteante para gregos e troianos. Não para os baianos.

O sambista do tempo do Estado Novo não conseguia compreender por que era perseguido pela canzoada getulista, mas Caetano Veloso sabia muito bem o que estava fazendo ao irromper com a Tropicália, após um período em que intelectuais de formação esquerdista, também conhecedores da coisa artística popular, pretendiam instrumentalizá-la. Quer dizer, o popular não tem sossego e o complicado fato de existir nas margens pode atestar a geração do novo, do divergente. Este livro permite que o leitor una os pontos onde Wilson Batista e Caetano Veloso se encontram.

O autor de *Alegria alegria* conseguiu felizmente desagradar gregos e troianos – o que atestava sua força renovadora dotada da melhor expressão política. Porque livre dos jargões que reduzem tudo, isto é, a linguagem, a farelo inútil. Tanto a linguagem da comunicação direta, que assim deixa de comunicar, para ser o vetor de comandos, quanto a linguagem artística, que assim se deteriora por dentro. *A banda, Alegria alegria, Domingo no parque*, sambas de Wilson Batista são celebrações de vida e aí está o problema.

Curioso, mas nada gratuito, é que um dos compositores mais explicitamente críticos do ponto de vista político, nunca se mostrou seguidor desta ou daquela corrente ideológica. É Juca Chaves, à parte o lírico, tornou-se responsável por uma verdadeira crônica da cena política nacional. Com a plena vantagem do humor desconcertante. Antes que comecem a cobrar a ausência deste ou daquele nome, desta ou daquela composição genial, deve-se observar, uma obra como esta demonstra ter consciência de que o assunto não pode ser esgotado por um único autor. É uma obra que se quer parte de um conjunto, participar desse conjunto permitindo que os leitores sigam com as próprias pernas e, pela analogia, façam as próprias análises com respectivas conclusões.

Moacir Amâncio

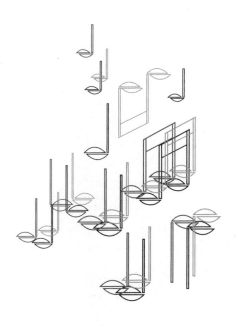

*Para Christiane,
meu amor e meu livro*

Agradecimentos

Tenho comigo alguns amigos que considero definitivos em minha vida. Claudio Tozzi, Walter Vettore e meu irmão Waldomero. Nos oito anos em que participei ativamente da administração da ECA – Escola de Comunicações e Artes da USP, como vice-diretor e diretor, conheci pessoas que agora passam a integrar essa lista de amigos definitivos. São eles: Adnei Melges de Andrade, Adolpho José Melfi, Aldo Junqueira, Helio Nogueira da Cruz e José Antônio Franchini Ramires. Obrigado, meus queridos amigos, por esta convivência definitiva.

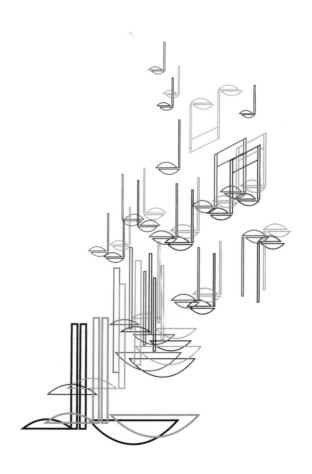

Introdução

Este livro é o produto final de uma pesquisa que reúne dois importantes segmentos da cultura brasileira: a política e a canção popular. Com a interseção de ambas, é possível estudar e analisar os caminhos e descaminhos da trajetória sociopolítica do nosso país.

Muito antes de tornar-se república, ainda na época colonial, a política no Brasil já era estreitamente "vigiada" pela música popular. A denúncia social já estava no rol dos seus temas. Basta ver, por exemplo, os cantos e as danças do século XVIII, especialmente na Bahia. Chulas, fofas, lundus, fados e modinhas de Gregório de Matos e Domingos Caldas Barbosa já nos dão um bom perfil da política, da música e da sociedade colonial brasileira.

Daquela época até nossos dias, a canção popular e a política tornaram-se parceiras inseparáveis. A primeira, pelos versos do poeta, do compositor popular, passaria a ser o interpretante dos acontecimentos políticos, sociais, mas também das ações individuais dos bons e maus políticos dos três poderes. Nesse sentido, portanto, é que, por meio da canção popular brasileira, é plenamente possível conhecer muito bem a história política do país.

Quero registrar um exemplo bastante lúcido de Nina Rodrigues, ao analisar o comportamento dos negros no início do século XIX, submetidas às normas e leis da sociedade escravocrata. Nos engenhos, nas cidades e nos quilombos, estavam sempre presentes o batuque, o gingado e sua inconfudível manemolência para bailar o semba (expressão angolana para a umbigada), o maxixe e o lundu. Essa era a forma encontrada pelo negro para resistir às agruras a que era submetido por uma sociedade que só o aceitava como instrumento de produção. Ao registrar os reclamos do Conde da Ponte, Nina Rodrigues acrescenta: "Os escravos nesta cidade não tinham sujeição alguma em conseqüência de ordens de providências do governo; juntavam-se quando e onde queriam; dançavam e tocavam os estrondosos batuques por toda a cidade e a toda hora; nos arraiais e festas eram eles só os que se assenhoreavam do terreno, interrompendo quaisquer outros toques ou cantos"[1].

Exemplos muito semelhantes a esse atravessaram o tempo para juntarem-se à música urbana brasileira. O lundu e o maxixe, se foram rituais significativos para a formação da nossa canção popular, tiveram ainda destacado papel no processo que culminaria com o fim da escravidão. Especialmente o lundu, mas não só, passaria por pequenas transformações estéticas ao entrar em contato com a sociedade branca européia que o adotaria a partir do início do século XIX. A esse fenômeno Nina Rodrigues chama de "crioulização" do lundu. Importante registrar que essa "ingerência" branca não vai interferir nas bases estruturais do lundu. Ele não perde sua pulsação rítmica e todos os componentes formais permanecem intactos. Instrumentos como a marimba, o triângulo, o atabaque e o agogô, entre outros, permaneciam em harmonia nas melodias do lundu que, a essa altura, já não era mais apenas africano, mas afro-brasileiro. Assim, a sensualidade dessa dança, a sutileza dos movimentos corporais, o olhar faceiro e insinuante e o meneio manemolente dos quadris, fizeram dela um instrumento a mais na luta pela libertação negra no nosso país. Foi uma revolução estética e comportamental rapidamente assimilada pela sociedade branca que, a partir daquele momento, estaria ainda mais propensa a alforriar o negro. É nesse sentido que não podemos subestimar a importância e o caráter político dos ritmos e danças africanos e, posteriormente, afro-brasileiros, no processo de libertação dos escravos.

---

1. RODRIGUES, Nina. *Os africanos no Brasil*. São Paulo, Cia. Editora Nacional, 1935. p. 235.

Mas, vale registrar ainda, que nem sempre a música negra africana era feita de "estrondosos batuques" como bem assinala Nina Rodrigues. Havia ainda os momentos de profundo "banzo". A tristeza levada às últimas conseqüências, em face do desgaste psicológico e emocional causado pela desculturação. O negro africano escravizado transportado para o Brasil, perderia contato com sua verdadeira cultura. A perda e a degradação dessa identidade cultural o levava à forte excitação, ímpetos de destruição e à profunda melancolia, apatia que o conduzia à inanição, à loucura e, em alguns casos, até à morte. Nessas circunstâncias, é claro, a música dos escravos africanos só poderia mesmo refletir o grande "banzo", por terem sido subtamente subtraídos de sua cultura, transportados para outras terras, apenas com objetivos econômicos de servir aos nossos colonizadores. Este aspecto melancólico da música negra africana ainda não foi devidamente estudado em nosso país. Talvez porque o "banzo" e os "estrondosos batuques", de que fala Nina Rodrigues, em que pese as diferenças rítmicas, nunca foram dissonantes entre si. Juntos, foram especialmente importantes na formação da nossa cultura musical popular.

Basta ver, por exemplo, que, ao longo dessa trajetória o "filho legítimo" do maxixe, chegaria ao final do século XIX e início do século XX como o ritmo mais popular entre os baixos estratos sociais da população dos morros da sociedade carioca. Sua ascensão social, no entanto, demoraria um pouco a acontecer. Pode-se dizer que ela começaria com José Barbosa da Silva, o Sinhô, um pianista reconhecido como o primeiro compositor de sambas. O caso de Dunga e do samba *Pelo telefone*, tudo indica, teria sido uma criação coletiva do grupo *Tia Ciata* e, portanto, é discutível. De outra parte, o samba da cidade já apresentava compositores brancos, como o jovem Noel Rosa, estudante de medicina. Sua crônica poética sobre o cotidiano das pessoas e da cidade daria ao samba, nos tempos de Getúlio Vargas, uma dimensão estética inovadora.

Mas é durante a vigência do Estado Novo que esse ritmo ganha conotação política importante, como de resto, toda a canção popular brasileira. Nessa época, o país vivia uma experiência muito ruim com a política autoritária e uma repressão implacável. Era um clima de terror, muito semelhante àquele do final dos anos 1960 e início da década de 1970, com a criação do Ato Institucional n° 5 em 13 de dezembro de 1968. Em nome da "grandeza do Brasil", da honra e da austeridade, desempregados e subempregados eram reprimidos moralmente. A política baseada no trabalhismo não resolvia o problema do desemprego, mas, ao mesmo tempo, não aceitava a pecha de conviver com essa realidade.

A censura prévia, como de hábito em nosso país, vigiava de perto a música popular. Canções de teor político só eram divulgadas pelo rádio quando elogiosas ao Estado Novo. Algumas que o contestavam foram destruídas, e seus autores, presos. O compositor Wilson Batista foi um dos que deu muito trabalho à Polícia Federal. Suas canções se reportavam à malandragem carioca, não como problema, mas como a situação natural de um cidadão desinteressado pelo trabalho. Não era o desinteresse da preguiça, mas do desespero por não encontrar trabalho. O melhor exemplo desse período é sua canção *Lenço no pescoço*, finíssima exaltação à malandragem carioca, e originalmente interpretada por Sílvio Caldas. A contrapartida das críticas recebidas pelo Estado Novo estava na chamada música de exaltação. *Aquarela do Brasil,* de Ary Barroso, é dessa época. É a mais conhecida de todo o repertório do "samba-exaltação", mas não está só. Esse era um período em que as músicas carnavalescas tinham grande apelo popular e eram tocadas exaustivamente pelas emissoras de rádio. *Glórias do Brasil, Onde o céu é mais azul, É negócio casar!, O sorriso do presidente, Brasil brasileiro, Ai Gegê e Hino a Getúlio Vargas*, entre tantas outras, fazem parte de um grande elenco de sambas e marchas carnavalescas de exaltação à figura do presidente Getúlio Vargas.

O trabalho político do Estado Novo incluiu ainda a cooptação de cantores famosos da época. Eram as grandes celebridades da nossa música popular, que cantavam na Rádio Nacional, de propriedade do Estado, emprestando seu prestígio ao governo Vargas. Francisco Alves, Orlando Silva, Sílvio Caldas, Emilinha Borba, Lamartine Babo, entre outros, eram contratados do programa musical *Alô, Alô, Brasil*, da Rádio Nacional. Não por acaso, mas pela força política que adquiriu a canção popular, o Estado Novo aproveita mais uma oportunidade para sua autopromoção e institui, em 3 de janeiro de 1939, o Dia da Música Popular Brasileira. Ao lado desse trabalho bem realizado a favor da sua imagem, o governo ainda exerce estreito controle sobre a música popular e outros segmentos da produção cultural do país.

Com o fim do Estado Novo, em 1945, a cultura brasileira estaria livre da censura pelo menos até 1969, quando o AI-5 retoma o mesmo clima de horror do DIP. É nesse espaço de tempo que surge o movimento Bossa Nova, a maior revolução por que passou a canção popular brasileira. Mas é também nesse momento que nossa música torna-se ainda mais politizada, com o surgimento da canção de protesto. Nosso subdesenvolvimento, desemprego, subemprego, baixo poder aquisitivo e todas as outras mazelas de um país subdesenvolvido seriam contados em versos que objetivavam a denúncia social. A liberdade de protestar duraria muito pouco tempo.

Em 1964, quando os militares se assenhoram do poder, o retrocesso político nos jogaria de volta àqueles tempos muito semelhantes aos do Estado Novo. Aqui, novamente, a canção popular teve participação significativa na resistência contra os desmandos e o autoritarismo político a que fomos submetidos por mais vinte e um anos. Uma geração brilhante de jovens cantores e compositores surgia nesse momento em nosso país, protestando com arte, com um discurso preciso e fecundo contra a falta de liberdade e de democracia. Nessa batalha, verdadeira luta do bem contra o mal, muitas pessoas deixaram o país, outras foram presas, algumas sucumbiram à tortura e outras, ainda, nunca mais reapareceram. Essa geração talentosa protestou com o que de melhor sabia fazer, mas também sofreu toda sorte de perseguição, como tantos outros cidadãos que lutaram por justiça social. O conjunto da sua obra, no entanto, nos permite analisar pela da canção popular, esse sombrio e nefasto período da história política do nosso país.

Com o fim dos governos militares e a redemocratização do Brasil, nossa música popular cumpriria seu papel político de lutar pela liberdade de expressão. A chamada canção de protesto, que se dirigia frontalmente contra o autoritarismo militar, já não tem mais o mesmo ímpeto, nem a mesma ressonância. E nem poderia ser diferente. Afinal, o "inimigo comum" já não mais atua politicamente, ele retirou-se para a caserna. É oportuno registrar que essa ressonância da canção de protesto se dava fundamentalmente junto aos segmentos mais politizados da sociedade. Assim, aos poucos, passo a passo, o país voltaria à normalidade democrática. Exceções à parte, a canção popular passaria a percorrer outros caminhos que não mais os da denúncia social e do protesto político.

De lá para cá, o país tornou-se um pouco mais politizado. Talvez não o suficiente para minorar a corrupção (o ideal seria extirpá-la definitivamente, mas isto é utopia), as bandalheiras, maracutaias e ilicitudes de que sistematicamente tomamos conhecimento pela grande imprensa do país. É bastante provável que, por mais politizada que venha a ser a sociedade brasileira, haverá sempre um grupo, ainda que pequeno, de maus políticos. São homens que não desejam o bem do país e da sociedade. Eles querem o poder para colocar em prática seus planos inescrupulosos de acumulação de riqueza. Esta é uma ação recorrente na política brasileira. Muito presente mesmo. Aprendemos a identificar esses casos, lendo e pesquisando sobre a história social e política do nosso país. Há muitos exemplos desses planos inescrupulosos e mencionalos agora resultaria inútil. Seja como for chegará o momento em que o eleitor brasileiro realmente saberá discenir o bom político do oportunista. Talvez esta seja a única forma ou, uma das poucas, de termos uma sociedade mais próspera, igualitária, equilibrada e, sobretudo, uma democracia realmente forte e consolidada.

Daqui para a frente, caro leitor, eu deixo você com a leitura de *A cultura político-musical brasileira*. Pensei ainda em tocar nos problemas atuais e que têm arrastado o Brasil para uma crise política cada vez mais grave e com dimensões imprevisíveis. As denúncias públicas do deputado Roberto Jefferson sobre o popular "mensalão" enredaram políticos do primeiro escalão do governo. O desfecho final de tudo isso é uma verdadeira incógnita e não tem data certa para sabermos seus resultados conclusivos. Seja como for, a canção popular, que sabe agir com eficiência e rapidez, já tem, com Tom Zé e Juca Chaves, duas músicas que tratam do atual *imbroglio* da política em nosso país. Eis por que a canção popular tornou-se a parceira inseparável da política brasileira.

Rubens Gerchman

I
Das origens coloniais

A história sociopolítica do Brasil e sua música popular têm percorrido trajetórias paralelas. Há uma vasta bibliografia sobre esse último tema à disposição de pesquisadores interessados nessa interseção[2]. Desde o século XVIII, quando a capital da Bahia era considerada cultural e socialmente a mais rica cidade brasileira, temos registros muitos claros do binômio política-música. Cantos e danças como a chula, a fofa, o lundu e a modinha, entre outros, passariam a incomodar, não só a todo-poderosa Corte portuguesa, mas também a Igreja, autoridades e os estratos sociais mais altos da Colônia. A popularização desses ritmos, danças e folguedos, conhecidos também, em seu conjunto, por "danças dramáticas", adquiriram, no decorrer do tempo, caráter profano, isto é, secularizado. É claro, ao lado dessa "profanidade" havia toda uma coreografia extremamente sensual, mas logo considerada imoral e subvertedora dos hábitos, costumes e comportamentos da sociedade. As autoridades, de sua parte, passariam a proibir todos os ritmos e danças por elas classificados como imorais. Foi o que aconteceu com a modinha, ritmo e dança de origem portuguesa e erudita que no Brasil, ao contrário de outras danças, foi dos salões para as ruas, tornando-se, definitivamente, um produto lúdico-musical incorporado à cultura popular da Colônia.

---

2. Entre tantos outros trabalhos que podem ser consultados sobre este tema, vale a pena ler *História social da música popular brasileira*, de José Ramos Tinhorão, Lisboa, Editorial Caminho, 1990; *A modinha e o lundu no século XVIII*, de Mozart de Araújo, São Paulo, Ricordi Brasileira, 1963; e *De olho da fresta*, de Gilberto Vasconcellos, Rio de Janeiro, Edições de Graal, 1977.

Vejamos o significativo exemplo recolhido por José Ramos Tinhorão: "Mais do que alguma particularidade da música propriamente dita, o que de fato chamou a atenção nas modinhas foi a ousada novidade de 'versejar para as mulheres' em letras que traduziam 'as imprudências e liberdades do amor' e levavam a encantar 'com venenosos filtros a fantasia das moças e o coração das damas'. Os moralistas e conservadores viram recrudescer o velho 'pecado das orelhas', e desta vez não mais como atentado às doutrinas da Igreja, mas como ameaça à boa ordem moral da sociedade"[3].

Um fato digno de registro é o seguinte: em Portugal, a modinha era uma manifestação lúdica muito comportada dos salões da nobreza. Ao chegar aqui, ela passa por um processo de popularização e conseqüente "profanização". Essa nova versão "abrasileirada", não erudita e mais próxima ao gosto popular não foi bem recebida por nossos colonizadores. Em suas memórias, o português Antônio Ribeiro dos Santos é implacável com o poeta brasileiro Domingos Caldas Barbosa, após presenciar, em 1775, as apresentações nas câmaras cortesãs de Lisboa. Diz ele: "Esta praga é hoje geral depois que o Caldas começou de pôr em verso os seus rimances, e de versejar para as mulheres. Eu não conheço um poeta mais prejudicial à educação particular e pública do que este trovador de Vênus e de Cupido"[4].

Afora o notório preconceito, as palavras de Antônio Ribeiro refletem ainda mais as relações de poder entre colonizador e colonizado. Ao mesmo tempo, elas reproduziriam exatamente o pensamento oficial e a vontade política do *establishment*. Tanto é assim que, como no Brasil, a modinha da Colônia foi proibida em Portugal.

---

3. TINHORÃO, José Ramos. Op. cit., p. 92.
4. SANTOS, Antonio Ribeiro dos. *Manuscritos*, volume 130 da Biblioteca Nacional de Lisboa, fls. 156, s.d.

O exemplo citado não é exceção nem está circunscrito ao período do Brasil Colônia. De uma forma ou de outra, e em diferentes momentos históricos, sempre houve um claro intercurso entre a política e a música popular brasileira. Vale registrar, no entanto, que esse relacionamento nem sempre foi cordial e pacífico. Aliás, rigorosamente, nunca o foi. Como nosso país, ao longo do seu percurso político, tem uma história de golpes e de ditaduras, é natural também que os compositores da música popular brasileira se manifestem sobre essa trajetória tão sinuosa.

Obviamente, não há consenso entre eles. Aliás, ao contrário, prevalece a dissonância de idéias e interpretações acerca do fato político.

II
Independência e música

Esse é certamente um dos aspectos mais significativos da nossa música popular que, por decorrência, aprimora o debate político. Se, de sua parte, até 1985, o Estado mantinha um discurso político monocórdico e sem diálogo com a sociedade, o contrário ocorria com nossa música. Seu texto poético era plural, democrático e polissêmico. Muitas vezes, é verdade, cifrado, dificultando sensivelmente sua compreensão por boa parte das pessoas não preparadas o suficiente para receber tal sofisticação. Outras vezes, a paródia e a alegoria eram também utilizadas. Seja como for, foram recursos, tentativas de evitar a censura e manter sua comunicação com a sociedade. Como bem explica Gilberto Vasconcellos, "a matéria política se incorporou na MPB a partir do limiar dos anos 1960. Julgamos que ela esteve escancarada e esquemática na época da canção de protesto"[5]. Aqui o autor se refere apenas ao período em que os militares começaram a governar o país.

É nessa época que surgem na TV Record, canal 7, as apresentações da Jovem Guarda, conhecidas também como Movimento Jovem Guarda[6]. Ao contrário de outros segmentos da música popular brasileira, este não sofreu censura nem perseguição sistemática dos governos militares. Por causa disso, nesse período,

---

5. VASCONCELLOS, Gilberto. Op. cit., p. 39.
6. Esta é uma discussão que faremos mais adiante. A palavra "movimento", quando se trata de acontecimento artístico, pressupõe ações transformadoras, como registra o *Dicionário Houaiss da Língua Portuguesa* em seu item 3.2: "corrente de pensamento que caracterize evolução artística, filosófica, social, etc…"

a Jovem Guarda, como um todo, foi estigmatizada por boa parte da crítica política e musical do nosso país. Voltaremos a este tema mais adiante.

Esse fato, aliás, guardadas as devidas proporções e o momento histórico, é uma repetição do que já havia ocorrido no Estado Novo de Getúlio Vargas, quando a censura e a repressão política foram tão nefastas e devastadoras quanto as do período militar de 1964 a 1985. A concepção ideológica do "trabalhismo", além de servir de propaganda, era uma espécie de carro-chefe do governo Vargas. E, mais do que isso, funcionava como álibi para perseguir os adversários da ditadura estado-novista. Mais uma vez, a música popular brasileira, que ainda nem tinha a magnitude dos nossos dias, passaria a ser estreitamente vigiada pelo indefectível DIP – Departamento de Imprensa e Propaganda.

Órgão extremamente impopular e de triste memória, tinha como objetivo, entre outras coisas, fazer a censura do cinema, teatro, das funções recreativas, esportivas, da rádiodifusão, da literatura, enfim, da produção cultural do país. Entre tantos compositores e músicas censuradas nessa época, vale a pena destacar algumas canções do compositor "malandro", Wilson Batista. Por diversas vezes ele teve seu trabalho censurado pelo DIP, por considerá-lo ofensivo e difamatório ao poder constituído. Puro pretexto, é claro. Wilson Batista era um compositor de grande prestígio, ao lado de Noel Rosa (com quem teve proveitosa polêmica para a música popular brasileira) e não se interessava por política.

E, mais do que isso, as letras de algumas das suas canções, embora não exaltassem propriamente a malandragem, criavam a simpática imagem do malandro. Tanto é assim que elas eram recebidas com absoluta naturalidade pela população até o momento da censura. Ora, isso era tudo o que não poderia acontecer, num país onde o Estado empunhava, com grande alarde, a bandeira ideológica do trabalhismo. Vejamos um exemplo com a canção *Lenço no Pescoço*. Além de execrada pelos censores do Estado Novo, ela foi o ponto de partida da polêmica com Noel Rosa:

> Meu chapéu do lado
> Tamanco arrastando
> Lenço no pescoço
> Navalha no bolso
> Eu passo gingando
> Provoco e desafio
> Eu tenho orgulho
> Em ser tão vadio
> Sei que eles falam
> Deste meu proceder
> Eu vejo quem trabalha
> Andar no miserê...

Apesar de não ter qualquer intenção de fazer denúncias (Wilson Batista declarou reiteradas vezes à polícia de Vargas), o fato é que não apenas sua "malandragem" incomodava o governo. Seu texto poético, por vezes, tocava o "dedo na ferida", expondo uma realidade incompatível com aquela que a ideologia do trabalhismo procurava inculcar na sociedade brasileira. A palavra miserê, por exemplo, encerra conotações desconsertantes para um governo que falava em trabalho sem tê-lo para oferecer aos desempregados. As palavras de Gilberto Vasconcellos são muito precisas e esclarecedoras nesse momento. Respaldando-se em escritos teóricos de Florestan Fernandes, ele acrescenta: "O miserê de que fala o samba, é uma metáfora que designa o caráter não qualificador do trabalho assalariado. A classificação pelo trabalho assalariado no Brasil possui 'pequeno valor estrutural como fonte de realização da condição burguesa', diria o sociólogo Florestan Fernandes"[7].

---

7. VASCONCELLOS, Gilberto. Op. cit., p. 107.

Mas os valores da ideologia dominante eram bem mais sutis do que podiam parecer. Reprimir os adversários políticos era apenas uma parte da estratégia para permanecer no poder. Se o trabalho era a imagem à qual o governo queria estar vinculado, seria natural, até por uma questão de marketing político, integrar o trabalhador na legislação trabalhista recém-criada. E isso Vargas o fez com muito sucesso. Até porque, a partir daquele momento, todo cidadão empregado passaria a ter a proteção da CLT – Consolidação das Leis do Trabalho. Foi uma conquista importante para a sociedade brasileira.

Se a antítese da malandragem é o trabalho, era previsível que durante a vigência do Estado Novo se explorasse politicamente essa oposição. Assim, se, por um lado, a repressão aos compositores da "malandragem" era implacável, a cooptação e o incentivo a outros compositores para enaltecerem o trabalho tornar-se-iam um grande trunfo político. Aliás, o próprio Wilson Batista teve sua "recaída trabalhista", ou seu momento de "malandro arrependido". Seu samba *Bonde São Januário*, em parceria com Ataulfo Alves, havia sido proibido, por elogiar a malandragem. Qualquer referência nesse sentido deveria ser banida da música popular. Para que fosse liberado, seria necessário trocar a malandragem pela exaltação ao trabalho. Wilson e Ataulfo não tiveram dúvidas, fizeram "outra versão", cujo resultado é este:

> Quem trabalha é que tem razão
> Eu digo e não tenho medo de errar
> O Bonde São Januário
> Leva mais um operário
> Sou eu que vou trabalhar...
> Sou feliz, vivo muito bem
> A Boemia não dá camisa a ninguém
> É, digo bem.

Ataulfo Alves, ao contrário de Wilson Batista, vestiu definitivamente a camisa populista do *establishment*. Em outra de suas composições, ele nos apresenta um texto poético que resulta desnecessário comentá-lo.

> O Estado Novo veio para nos orientar
> No Brasil não falta nada
> Mas precisa trabalhar.

Mas o uso político-ideológico da canção popular se fez acompanhar por outros segmentos cooptados pelo Estado. Em 1937, quando Vargas fechou o Congresso Nacional e inaugurou oficialmente o Estado Novo, o bloco Os Democratas desfilava pelas ruas do Rio de Janeiro, cantando o samba-enredo *Sinfonia Marajoara*. O tema, é claro, exaltava as qualidades pessoais do presidente e suas realizações políticas e administrativas em sete anos de poder. Nesse mesmo ano, por meio de decreto sancionado pelo presidente da República, as escolas de samba ficavam obrigadas a criar o samba-enredo e suas alegorias, "inspiradas" em temas patrióticos e nacionalistas, que fossem ao encontro dos interesses impostos pela política do Estado Novo.

Em 3 de janeiro de 1939, institui-se o Dia da Música Popular Brasileira. Mais do que um grande acontecimento nacional prestigiado por autoridades políticas, industriais, intelectuais, jovem estudantes, entre outros, um fato paralelo e não menos importante estava ocorrendo de forma sutil: a cooptação de grande parte da imprensa radiofônica do país, mas não só. Boa parte da imprensa escrita apoiava o governo Vargas. Emissoras de todos os estados se fizeram presentes. Esta era apenas mais uma prova da força e do prestígio político de Vargas. A convite do governo federal, os grandes astros e estrelas da música popular brasileira – Ary Barroso, Carmem

Miranda, Francisco Alves, Lamartine Barbo, Orlando Silva, Carmélia Alves, Aracy de Almeida, Silvio Caldas, Emilinha Borba, entre outros,– estavam lá. Talvez tenha sido a primeira "festa de arromba" da música popular brasileira. Nesse aspecto, Erasmo Carlos e sua Jovem Guarda seguiriam, bem mais tarde, o exemplo do grande *casting* do Estado Novo, mas com diferença fundamental: *Festa de arromba*, de Erasmo Carlos, foi apenas uma despretensiosa e bem construída ficção.

Foi ainda no governo Vargas que surgiu o chamado "samba-exaltação", cujo maior representante foi, sem dúvida, Ary Barroso. *Aquarela do Brasil* e *Canta Brasil* são as músicas mais conhecidas, mas não as únicas. Surgiram ainda *Onde o céu é mais azul*, *Brasil moreno*, entre outras. Aqui a ideologia do trabalhismo dava uma trégua. Ela cedia espaço para a exaltação da beleza natural brasileira, do clima privilegiado, do nosso povo ("meu mulato isoneiro"), das riquezas naturais, entre outras coisas. Enfim, predominava a imagem romântica, ufanista e apoteótica do Brasil. Os pesquisadores Jairo Severiano e Zuza Homem de Mello comentam sobre a repercussão de *Aquarela do Brasil*: "É possível que não fosse essa a intenção do compositor, mas a verdade é que, com tais características, o samba-exaltação vinha exatamente ao encontro dos interesses da ditadura getulista, que logo passou a incentivar a produção do gênero"[8].

Mas o trabalho político do Estado Novo com a música popular brasileira teve seu maior destaque mesmo no início dos anos 1940. Os artistas mais populares e prestigiados do país, como Sílvio Caldas, Orlando Silva, Emilinha Borba, Vicente Celestino, Francisco Alves, entre outros, seriam contratados pela Rádio Nacional, emissora pública. O programa radiofônico *Alô, Alô, Brasil*, guardadas as

---

8. SEVERINO, J. e MELLO, Zuza H. *A canção no tempo*, São Paulo, Editora 34, 1998, v.2, p.178.

devidas proporções de tempo e contexto histórico, não era menos popular do que as telenovelas da Rede Globo em nossos dias. De norte a sul, em qualquer rincão brasileiro que possuísse energia elétrica e um rádio, as famosas ondas da PRE 8 – Rádio Nacional do Rio de Janeiro chegariam com seu *Alô, Alô, Brasil* e toda a sua programação que, inegavelmente, fazia a felicidade do seu ouvinte. Os cantores citados gozavam de uma popularidade só comparável à dos grandes astros das telenovelas atuais. Interessante é que o radiouvinte daquela época, como não tinha a imagem para olhar, criava toda uma mística, uma espécie de aura em torno das características físicas e qualidades estéticas do seu cantor ou cantora, apenas pelo timbre da voz.

Orlando Silva, por exemplo, considerado o maior e mais popular cantor dessa época (há quem o tenha como o melhor até hoje), certamente não fascinaria tanto suas fãs se existisse a televisão em seu tempo de glória. Não era tido pelas pessoas que o conheciam como um homem bonito. Além do mais, ser mulato, quase negro, em uma sociedade onde houve escravidão negra, é uma pecha que essa própria sociedade não aceita. Assim, pelo simples timbre da voz, os radiouvintes "construíam" seus ídolos, permanecendo unidos e fiéis à PRE 8 – Rádio Nacional.

Embora ainda não se possa falar na existência de uma cultura de massa nessa época em nosso país, é inegável, por outro lado, que a Rádio Nacional e seus programas humorísticos, musicais, entre outros, foram fenômenos de massa. Aqui faz todo sentido o texto do sociólogo Edgar Morin, quando trata das "mitologias modernas": "Como toda cultura de massa produz seus heróis, seus semideuses, embora ela se fundamente naquilo que é exatamente a decomposição do sagrado: o espetáculo, a estética. Mas, precisamente, a mitologia é atrofiada: não há verdadeiros deuses; heróis e semideuses participam da existência empírica, enferma e moral. Sob a inibidora pressão da realidade informativa e do idealismo imaginário, sob a pressão orientadora das necessidades de identificação e das normas da sociedade de consumo, não há grande arrebatamento mitológico, como nas religiões ou nas epopéias, mas um desdobramento da terra"[9].

O presidente Vargas (ou talvez seus assessores) tinha consciência da força da música popular brasileira. Do que ela significava, não apenas enquanto instrumento político, mas também como veículo de comunicação de grande popularidade em todos os estratos sociais. Tanto é assim que, em descontraído diálogo com Orlando Silva, considerado "o cantor das multidões", o presidente falou da admiração por seu ídolo. O registro foi feito pelo biógrafo de Orlando Silva da seguinte forma:

> – Gostaria de ter a sua popularidade, Orlando – confessou-lhe, certa vez, o ex-presidente Getúlio Vargas, quando ocupava a presidência da República e era o político mais festejado em todo o Brasil.
> O cantor retrucou:
> – Mas ninguém tem a sua popularidade, presidente...
> Getúlio então sentenciou:
> – Mas ninguém tem a sua popularidade, Orlando, e sem inimigos[10]...

Mas, em mais um golpe na história política do nosso país, Getúlio Vargas seria deposto em 29 de outubro de 1945. Embora o país estivesse, naquele momento, passando por um frágil processo de redemocratização, o presidente resolveu nomear seu parente Benjamim Vargas para a chefia de polícia. O gerneral Goes Monteiro,

---

9. MORIN, Edgar. *A cultura de massa no século XX*, Rio de Janeiro, Forense, 1972, p. 94.
10. VIEIRA, Jonas. *Orlando Silva: o cantor das multidões*, Rio de Janeiro, Funarte, 1985, p. 11.

seu grande aliado na Revolução de 30 e no Golpe de 1937, que redundou no Estado Novo, não gostou da nomeação. Esperava ser consultado, mas não foi. Aproveitando a fragilidade política de Getúlio naquele momento, o general Goes cercou o palácio presidencial e depôs seu ex-aliado, o presidente Vargas. Foi fácil, não houve resistência.

Era final de ano, e o país já se preparava para o carnaval. Naquela época era assim mesmo. A sociedade brasileira vivia um "clima" de carnaval, com três a quatro meses de antecedência, diferente do que vivemos hoje. Atualmente, apenas as escolas de samba preparam sua estrutura organizacional com bastante antecedência.

Mas, em outubro, quando Getúlio foi deposto, os compositores populares já preparavam suas músicas carnavalescas. Vale a pena registrar a ironia desta marchinha de grande sucesso entre os foliões, sobre a queda do presidente:

> Foi seu beijo
> Foi seu Beijo
> Foi seu Beijo
>
> Que atrapalhou
> Um amor de quinze anos
> Beijo dado sem malícia
> [...]
> Mas um beijo pra polícia
> É motivo de cadeia.

Aqui vale um registro importante para se entender melhor o sentido do texto poético: "Beijo" era o apelido de Benjamin Vargas, o motivo-pretexto para a deposição de Getúlio Vargas. A letra da música mantém uma ambigüidade com dupla ironia. Não se soube, verdadeiramente, a quem os versos estavam criticando. Se aos adversários políticos do presidente, ou se ironizando a nomeação de Benjamin Vargas.

Nos versos, "Foi seu beijo, foi seu beijo que atrapalhou um amor de quinze anos", a responsabilidade da deposição do presidente parece recair unicamente em Benjamin Vargas, isentando o general Goes Monteiro de liderar o golpe. Ao mesmo tempo, em "Um amor de quinze anos, beijo dado sem malícia", os versos mostram a grande empatia que Getúlio Vargas tinha com a população. Não por acaso, ele era chamado de "pai dos pobres". Logo em seguida, porém, em "Mas um beijo pra polícia é motivo de cadeia" parece condenar, não só o rigor da polícia, mas também a nomeação de "Beijo" (Benjamin Vargas) justamente para o cargo de chefe de polícia.

Em todo caso, seja como for, contra ou a favor, com ambigüidades e ironias ou não, o fato é que a música popular brasileira, ao longo da sua existência, tem sido um instrumento político-ideológico bastante presente na história política do nosso país, e nem sempre a favor do Estado. Getúlio Vargas, que tantas vezes a usou para aumentar e ajudar a consolidar sua popularidade, chegou, em alguns momentos, a "provar do próprio veneno".

Quero citar um exemplo: em 1930, a dupla sertaneja Alvarenga e Ranchinho, já com certo sucesso nas grandes capitais brasileiras, se apresentava no Cassino da Urca, no Rio de Janeiro. Em seus shows, a dupla fazia críticas muito bem humoradas sobre a figura do presidente e seu governo. Após uma das apresentações, Alvarenga e Ranchinho foram presos e proibidos de se apresentarem ao público fazendo shows musicais. Contornada a situação, após um certo tempo, o presidente Vargas os convidou para se apresentar a um seleto grupo de convidados no palácio presidencial. Foi um momento de grande descontração entre a dupla, o presidente e seus convidados. O próprio Vargas riu muito com as sátiras feitas pela dupla sobre sua figura de presidente. Tudo terminou muito bem, e Alvarenga e Ranchinho não criticaram mais o presidente em suas apresentações. Em outros termos, uma sutil e eficiente forma de cooptação da dupla que, a partir daquele momento, se tornaria aliada do governo Vargas.

Casos semelhantes a esses, são recorrentes na história política do nosso país, na vigência dos governos autoritários. Um dos mais lembrados, durante o período dos militares, foi o da personagem do humorista Chico Anísio, conhecida por Salomé. Era uma gaúcha que telefonava ao presidente João Figueiredo, de quem era amiga íntima, para saber das últimas notícias de Brasília.

O dialogo de Salomé com Figueiredo, apresentado pela televisão, fez muito sucesso junto ao público e não chegou a ser proibido pelo Planalto. Pouco tempo depois, a convite do presidente, o comediante Chico Anísio apresentaria sua personagem Salomé ao vivo.

III

A canção no governo de Nonô

A partir dos anos 1950, durante o governo Juscelino Kubitschek, a realidade sociopolítica e econômica do Brasil mudaria sensivelmente. Os reflexos dessas transformações, é claro, teriam ainda forte ressonância na cultura lúdica do nosso país, especialmente na música popular brasileira. O movimento bossa-nova, do qual falaremos de passagem mais à frente, mudaria de forma definitiva a trajetória da música popular brasileira[11].

O governo do presidente Juscelino (1956-1961) tinha um projeto para o Brasil muito claro: avançar "cinqüenta anos em cinco". Seu Plano de Metas, ou Programa de Metas, apontava para uma política econômica desenvolvimentista, objetivando tirar o país do atraso e do isolamento internacional em que se encontrava com a política nacionalista do seu antecessor. De acordo com o que disse o próprio presidente, o objetivo do plano era "acelerar o processo de acumulação, aumentando a produtividade dos investimentos em atividades produtoras". Essa proposta, por extensão, elevaria o nível socioeconômico da população, criando novas oportunidades no mercado de trabalho.

A energia, a alimentação, a indústria de base, os transportes, a educação e, evidentemente, a construção de Brasília, foram os seis grandes grupos priorizados pelo governo. A subdivisão deles

---

11. Há uma vasta bibliografia sobre a história da música popular brasileira e da bossa nova. Convém ler *Balanço da bossa e outras bossas*, de Augusto de Campos, 4ª ed., São Paulo, Editora Perspectiva, 1986, e *Pequena história da música popular*, de José Ramos Tinhorão, São Paulo, Art Editora, 1991.

redundaria em trinta e uma diferentes metas, a serem trabalhadas nos próximos cinco anos. Mesmo com as resistências internas por parte da imprensa, da oposição udenista, de membros da própria equipe governamental, e até do BNDE, Juscelino conseguiria implantar o seu projeto. Os argumentos contra eram que os recursos financeiros para viabilizar o plano (emissão de títulos do Tesouro Nacional e financiamentos externos) aumentariam sensivelmente os gastos públicos. A conseqüência imediata seria o aumento de um processo inflacionário difícil de controlar.

Juscelino resolveu assumir o risco político de levar em frente seu projeto. O FMI não apoiou suas idéias e não emprestou o dinheiro para os empreendimentos. Ele foi adiante. Rompeu relações com esse orgão e conseguiu financiamento junto ao Import-Export Bank de Washington.

Outros apoios externos chegariam ao Brasil, mas em forma de investimentos. França, Alemanha e Japão se interessaram em instalar empresas no Brasil, não só pela grande demanda interna de produtos industrializados, mas também pela existência de mão-de-obra extremamente barata, se comparada aos países europeus, Japão e Estados Unidos. Assim, boa parte dos produtos industrializados brasileiros seria destinada às exportações, por ter preços bastante competitivos. A partir desse momento, o Brasil se tornaria um país cada vez mais atraente ao capital estrangeiro. E, mais do que isso, o grande objetivo era acelerar o processo de industrialização. Para alcançar essa meta de forma responsável e segura, era necessário estimular os investimentos privados. E nesse projeto estaria a abertura da economia brasileira ao capital estrangeiro. De fato, com essas medidas, ainda que embrionariamente e com alguns percalços iniciais a superar, o Brasil começaria a abandonar um sistema agrário-exportador para ingressar em uma economia de produção industrial.

No plano político, as decisões econômicas do governo causavam grande alvoroço no Congresso Nacional. Mas, como diriam alguns aliados de Juscelino, usando um provérbio da sabedoria popular, tudo não passava de "intriga da oposição". Mas não era bem assim. É preciso notar que a frágil democracia brasileira, mesmo durante o governo de Juscelino Kubitschek, legitimamente eleito pelo voto popular, ainda corria sérios riscos de um retrocesso político.

É preciso ver também que a posse do novo governo não foi consensual. A oposição, derrotada nas eleições e liderada pela UDN – União Democrática Nacional, na pessoa de Carlos Lacerda, acusava Juscelino e João Goulart (vice-presidente) de estreitas ligações com Moscou e os comunistas brasileiros. Em nítido desrespeito ao voto popular, a "Cruzada Brasileira Anticomunista" lança um comunicado à nação onde constava forte crítica ao eleitor, "... formado pela massa ignorante, sofredora, desiludida, trabalhada pela mais sórdida das demagogias e envenenada pela propaganda solerte do Partido Comunista".

A bem da verdade, a oposição se articulava mesmo no sentido de implodir a posse do novo governo. Era pura tentativa de golpe. Entre os militares, o brigadeiro Eduardo Gomes liderava a ala dos golpistas, acompanhado pelo marechal Cordeiro de Farias, generais Canrobert Pereira da Costa e Juarez Távora. O ministro da Guerra, general Henrique Teixeira Lott, recebeu a visita de Eduardo Gomes com a proposta de, juntos, impedirem a posse de Juscelino. Lott teve uma atitude digna de um verdadeiro democrata. Não só se negou a participar do golpe, como articulou as forças contrárias para evitá-la. Tanto foi assim que, em 11 de novembro, ele desarticularia um golpe preparado dentro das próprias forças armadas[12]. Com essas medidas, Lott garantiria não apenas a posse do novo presidente legitimamente

---

12. Sobre o período de Juscelino Kubitschek, o livro de Maria Vitória Benevides, *O Governo Kubitschek: desenvolvimento econômico e estabilidade política*, Rio, Paz e Terra, 1976, é bastante elucidativo.

eleito, mas também a sobrevivência da nossa combalida democracia. Assim, para a própria estabilidade política do país, Juscelino Kubitschek e seu vice João Goulart assumiriam, respectivamente, os cargos de presidente e vice-presidente do Brasil.

Por outro lado, como registrei anteriormente, as decisões econômicas do governo causavam grande alvoroço no Congresso Nacional. Havia diversos motivos para essa inquietude dos parlamentares. O primeiro, é claro, a implacável oposição ao governo Kubitschek e sua política econômica. A UDN, que havia perdido a eleição com o candidato Juarez Távora, não aceitava o Plano de Metas e muito menos o caráter desenvolvimentista que o novo governo estava empreendendo à nossa economia. Com o *slogan*, "é entreguismo", os adversários do governo bem que tentaram no Congresso interceptar os empréstimos iniciais destinados a impulsionar o desenvolvimento do país. Mas isso, felizmente para o Brasil, não aconteceu. A aliança PSD-PTB, base de sustentação política do governo no Congresso, possuía frágil maioria, mas suficiente para aprovar os seus projetos. Além disso, a extrema habilidade política de Juscelino ajudava sobremaneira seus parlamentares aliados.

O segundo motivo, de certa forma, está interligado ao primeiro e diz respeito à abertura da economia ao capital estrangeiro. Nesse momento, na verdade, o Congresso presenciaria mesmo uma espécie de luta político-ideológica. Setores mais radicais não admitiam a presença do capital estrangeiro na economia brasileira sem a estreita vigilância do Estado. Aliás, não desejavam de forma alguma. Eles argumentavam que o Brasil com todo o seu potencial produtivo estava sendo entregue (a desgastada idéia do "entreguismo") ao capital estrangeiro.

Ora, não era assim. Se de uma parte o país precisava de investimentos que pudessem gerar riqueza, emprego, melhores condições de vida, entre outras coisas, isso não seria feito a qualquer custo. Quando o governo atraiu o capital estrangeiro para investir em nosso país, estabeleceu, ao mesmo tempo, regras, normas e critérios que deveriam ser obedecidos para esses investimentos[13]. E eles o foram, rigorosamente. Portanto, como podemos perceber, o problema era muito mais político e ideológico, e muito menos (quase nada) econômico.

De qualquer modo, o mais importante é que prevaleceu o bom senso. O congresso endossou as idéias e os planos do presidente. A partir desse momento, o Brasil tinha, de fato, um projeto de desenvolvimento dos setores da sua produção, especialmente da indústria. Os primeiros resultados positivos se fizeram presentes no que os economistas chamam de "substituição de importações", ou seja: passamos a produzir alguns produtos que antes importávamos. O país iniciava um processo de recuperação do seu atraso industrial. A política desenvolvimentista e o crescimento da nossa economia trouxeram um grande clima de otimismo ao país. O historiador Ricardo Maranhão, analisando o Brasil no contexto latino-americano, registra esse momento da seguinte forma: "Particularmente de 1955 a 1959, a expansão industrial superou de longe as marcas de outra nação latino-americana em processo rápido de industrialização: tomando-se para 1955 o índice 100, em 1959 essa taxa se elevou no Brasil para 197 (quase dobrando em quatro anos), enquanto no México a taxa foi a 134"[14]. Esses resultados atestavam que a política econômica do governo estava no caminho certo. As tensões políticas diminuiam. A oposição perdeu seu ímpeto contestatório ante a força dos fatos.

---

13. Sobre esse assunto, convém consultar o livro de Octávio Ianni, *Estado e planejamento econômico no Brasil* (1930–70), Rio, Civilização Brasileira,1971.
14. MARANHÃO, Ricardo. *O Governo Juscelino Kubitschek*, São Paulo, Brasiliense,1994, p. 47.

O economista Bresser Pereira registra o bom momento da economia brasileira. Ao mesmo tempo, fica claro, em suas palavras, que o país estava realmente se libertando não só do atraso econômico, mas também de uma economia acanhada baseada no setor agrário. É significativo o seu texto: "A industrialização ocorreu aproveitando-se o mercado interno já existente para produtos industriais importados, que eram substituídos por produtos fabricados no país. Tivemos assim uma drástica redução do coeficiente de importações, que baixou de 12,6% no período 1950-1954 para 8,6% no período 1955-1961... Os empresários industriais, nesse período, não tinham dificuldades maiores em decidir em que setor investir, quais produtos importar. Bastava que examinassem nossa pauta de importações para saberem onde investir"[15].

As conquistas, nos planos econômico e político, fortaleceriam sobremaneira o governo do presidente Juscelino Kubitschek. O suficiente, por exemplo, para devolver ao país a estabilidade política e a democracia. Passaríamos a ter um alto grau de liberdade política. Os meios de comunicação ganhariam a pluralidade de opiniões e de expressão. Não foi por acaso, nem para fazer propaganda política de sua gestão, que Juscelino, ao passar a faixa presidencial, em 1961, ao presidente Jânio Quadros, disse o seguinte: "Tenho como razão de maior orgulho poder entregar a Vossa Excelência o governo da República em condições muito diversas daquelas em que o recebi, no tocante à estabilidade do regime. Está consolidada entre nós a democracia, e estabelecida a paz..."

Se nos planos político e econômico o país avançou e se modernizou, não é menos verdade que o mesmo ocorreria no plano da cultura. Aliás, previsível e esperado. Um país democrático, em pleno crescimento econômico, onde havia liberdade de expressão e de criação, só poderia mesmo conquistar avanços na produção

---

15. PEREIRA, Carlos Bresser. *Desenvolvimento e crise no Brasil*, São Paulo, Brasiliense, 1976, p. 68.

da cultura. Isso não significa, evidentemente, que, em um regime antidemocrático, autoritário, não possa ocorrer algo semelhante, não é bem assim e nós veremos mais adiante.

No âmbito internacional duas conquistas, pelo menos, passariam para a história dos esportes no Brasil. A primeira, no tênis. A paulista Maria Esther Bueno venceu o tradicional torneio de Wimbledon. Seu retorno ao Brasil transformou-se em grande acontecimento. Entre tantas comemorações, a atleta foi recebida pelo presidente Kubitschek em almoço no palácio Alvorada. O compositor e cantor Juca Chaves, registra esse acontecimento em sua canção intitulada *Presidente Bossa-Nova*, como veremos adiante.

Ainda no plano esportivo, em 1958, a seleção brasileira de futebol redime o país do grande trauma de 16 de julho de 1950, quando nossa seleção, diante de 173.850 torcedores no Estádio do Maracanã, perderia a final do campeonato mundial para o Uruguai. A esse respeito, o jornalista Celso Umzelte faz uma observação importante: "Mas havia um número maior de pessoas presentes, até porque as catracas de acesso foram estouradas"[16].

Além da derrota inesquecível para o país, esse jogo foi acompanhado de momentos trágicos. Quando, aos 34 minutos do segundo tempo, os uruguaios fizeram 2 a 1 (era o gol da vitória), dois torcedores da celeste olímpica (assim é conhecida a seleção uruguaia) morreram de síncope cardíaca. Eles ouviam o jogo pelo rádio.

Dentro do Estádio do Maracanã, um torcedor brasileiro morreu de infarto e outro suicidou-se, jogando-se da arquibancada ao pátio que circunda o estádio. O final do jogo foi algo patético. Quase 180.000 pessoas vivendo a angústia de um silêncio que atravessou o tempo e até hoje é lembrado pelos especialistas na matéria.

---

16. UNZELTE, Celso. *O livro de ouro do futebol*, Rio de Janeiro, Ediouro, 2002, p. 128.

A "volta por cima" do futebol brasileiro viria durante o governo de Juscelino. Após excelente desempenho, a seleção brasileira chegaria à final com a Suécia, anfitriã da VI Copa do Mundo. Em Estocolmo, no Estádio de Raasunda, o Brasil venceu por 5 a 2, tornando-se, pela primeira vez, campeão mundial de futebol. Foi nesse campeonato que surgiu a figura de Pelé, considerado por boa parte dos especialistas em futebol como o maior jogador da história desse esporte. Quando a seleção brasileira retornou da Suécia, houve grandes comemorações por todo o país. Após ser recebida e homenageada pelo presidente Kubitschek em Brasília, a seleção inauguraria uma prática que se tornaria quase obrigação após grandes conquistas esportivas internacionais: desfile em carros de bombeiros pelas ruas do Rio de Janeiro e de outras capitais. Músicas não faltariam na homenagem. Como havíamos vencido também a França por 5 a 2 nas semifinais, logo surgiu a canção francesa, *Os pobres de Paris* com letra em português exaltando a grande conquista do nosso futebol. Uma espécie de paródia muito bem construída.

De outra parte, dando prosseguimento ao seu projeto de modernização da indústria e da própria sociedade brasileira, a política desenvolvimentista do governo trouxe para o Brasil a fábrica de automóveis Volkswagen, que se instalaria no ABC paulista. Outras indústrias, nessa época, tomariam o mesmo rumo, transformando essa região no grande pólo industrial do país. Iniciávamos, de fato, um aprofundamento mais estável e sistemático com o capital internacional. Grandes empresas norte-americanas e européias (são tantas que seria monótono citá-las) investiriam em nosso país. Um pouco mais tarde, japoneses e outras empresas asiáticas também viriam para cá, apenas continuando um ciclo que ainda não terminou. Como sempre ocorre em questões de política econômica, decisões dessa magnitude não poderiam mesmo ter consenso entre a classe política, a grande imprensa e outros segmentos da sociedade. As palavras do sociólogo Octávio Ianni revelam claramente o que significava essa aproximação com o capital estrangeiro: "A deposição e o suicídio de Vargas revelam a vitória daqueles que queriam reformular e aprofundar as relações com o capitalismo internacional"[17].

No tocante à indústria automobilística, além do argumento de base, isto é, o "entreguismo" (ele é político-ideológico também), havia ainda quem afirmasse o seguinte: as grandes empresas internacionais estariam transferindo para o Brasil boa parte da sua tecnologia, já obsoleta no seu lugar de origem. Seja como for, verdade ou não, o fato é que dois grandes motivos alimentavam e estimulavam esses investimentos internacionais em nosso país. O primeiro, mão-de-obra muito barata, como já vimos anteriormente. O segundo, a demanda de um grande mercado consumidor interno. Há que se considerar ainda um aspecto significativo: o Brasil sempre foi grande fornecedor de matérias-primas, especialmente ferro, aço e seus derivados. Assim, ao instalar suas indústrias em nosso país, o capital internacional não precisaria importar a matéria-prima. Isso facilitaria não só a industrialização para o consumo interno, mas também para as exportações. Não por acaso, "os investimentos concentravam-se principalmente nas indústrias de eletrodomésticos, aparelhos eletrônicos, em algumas indústrias de máquinas, equipamentos e comunicações e, especialmente, na indústria automobilística"[18].

Mas a política econômica desenvolvimentista, embora nos levasse a um respeitável crescimento dos setores da produção, começava, por outro lado, a dar sinais de que alguns problemas surgiriam. Em 1958, por exemplo, a inflação atingiria patamares já bastante elevados. As causas desse fenômeno são diversas,

---

17. IANNI, Octávio. *O colapso do populismo no Brasil*, Rio de Janeiro, Civilização Brasileira, 1971, p. 68.
18. ALENCAR, Francisco e outros. *História da sociedade brasileira*, Rio de Janeiro, Ao Livro Técnico, 1980, p. 300.

mas, nesse caso, as constantes emissões da moeda brasileira para estimular os investimentos estatais contribuiriam sensivelmente para a desvalorização do nosso dinheiro e o aumento exagerado da inflação. Isso mostraria que, apesar de grande aprovação da sociedade brasileira, nem tudo corria perfeito no governo de Juscelino. Em face dos empréstimos externos, a deterioração do valor das exportações já se fazia sentir. Os seguidos déficits da balança de pagamentos chegariam a 4% da produção nacional. Nossa situação econômica já começava a preocupar nossos credores, como bem assinalam os pesquisadores Alencar, Carpi e Ribeiro: "Receosos de que a economia fosse à insolvência, os credores internacionais, tendo como porta-voz principal o Fundo Monetário Internacional – organismo financeiro internacional controlado pelos EUA – condicionavam a concessão de novos empréstimos à adoção de uma política 'austera' de estabilização. Esta requeria a contenção dos salários e o fim dos subsídios à importação de produtos essenciais como a gasolina e o trigo.

A dependência manifestava-se concretamente no fim do governo Juscelino. Pressionado pelos setores que se beneficiavam com o crescimento industrial e com os olhos nas eleições de 1965, o presidente optou pelo prosseguimento do programa desenvolvimentista, com inflação..."[19]

Com efeito, a interpretação do presidente e sua equipe, era de que o momento econômico de fato não era favorável. Por outro lado, estava sob total controle, e não havia mesmo motivos para abandonar no meio do caminho seu programa desenvolvimentista. O tempo e a história mostraram que Juscelino e seus auxiliares estavam certos. O país abandonou a economia agroexportadora como sua principal atividade.

---

19. ALENCAR, Francisco e outros. Op. cit., p. 304.

Com o grande avanço da indústria, esse setor da produção passou também a ser o centro propulsor das nossas atividades econômicas. Se o processo inflacionário naquela ocasião era uma realidade, não é menos verdade que ele poderia perfeitamente ser contido, sem que para isso sacrificássemos o desenvolvimento do país. A inflação, como mostra qualquer manual básico de teoria econômica, nem sempre é desastrosa à economia, especialmente em um país em franco crescimento econômico, como era nosso caso naquela época. Se esse mesmo processo inflacionário se estendeu até 1995, é porque vários motivos o projetaram até essa data. São eles: interesses escusos na permanência da inflação alta por parte de certos segmentos econômicos da sociedade e, em alguns casos, incompetência mesmo para recuá-la a patamares aceitáveis. Mas talvez o mais importante deles seja mesmo a falta de vontade política. Nesse caso, ela se identifica mais com o primeiro motivo.

Seja como for, a decisão de continuar seu programa desenvolvimentista foi histórica e mudou completamente a realidade sociopolítica, econômica e cultural do país. A maioria da população que ainda vivia no meio rural, começava a se deslocar para o meio urbano, em face da demanda por mão-de-obra para as atividades industriais. As grandes capitais, e especialmente São Paulo, recebiam milhares de pessoas de quase todos os estados brasileiros.

Teria início o grande êxodo rural que urbanizaria a população brasileira. Em 1970, já havia um equilíbrio quantitativo entre o número de habitantes dos meios rural e urbano. Aqui, sim, houve um problema de grande magnitude. Desde o governo do presidente Kubitschek, até nossos dias, jamais se elaborou uma política que contemplasse as migrações internas. Tudo até hoje, nessa área, foi feito de improviso, sem um estudo pré-elaborado, sem uma infra-estrutura que insira esses migrantes na nova realidade que os espera no meio urbano-industrial. O máximo a que se chegou até hoje, nesse sentido, foi criar um mero assistencialismo, e muito mal executado. Resultados pífios e de decisões inconseqüentes e apressadas. São quase sempre decisões eleitoreiras e, como tais, ineficazes.

Esse, sim, é provável ter sido o grande equívoco do governo Kubitschek, isto é, não pensar em uma política de migração, uma vez que o país se industrializava e demandaria mão-de-obra das mais diversas regiões. Tanto é assim que, pela canção de Chico Buarque, *Pedro Pedreiro*, lançada em maio de 1965, portanto, quatro anos após o término do mandato de Juscelino, estão documentadas, na música popular brasileira, todas as agruras, desencontros e desencantos do migrante. Algo que poderíamos chamar assim de cultura da angústia e da tragédia humana. O texto poético é tão claro e preciso que dispensa qualquer comentário ou explicação. Vale a pena conhecer melhor o Brasil dos anos 1960 (não mudou muito nesse aspecto) pela letra de *Pedro pedreiro*:

> Pedro pedreiro penseiro esperando o trem
> Manhã, parece, carece de esperar também
> Para o bem de quem tem bem
> De quem não tem vintém
> Pedro pedreiro fica assim pensando
> Assim pensando o tempo passa
> E a gente vai ficando pra trás
> Esperando, esperando, esperando
> Esperando o sol
> Esperando o trem
> Esperando o aumento
> Desde o ano passado
> Para o mês que vem
> Pedro pedreiro penseiro esperando o trem
> Manhã, parece, carece de esperar também
> Para o bem de quem tem bem
> De quem não tem vintém
> Pedro pedreiro espera o carnaval
> E a sorte grande do bilhete pela federal
> Todo mês
> Esperando, esperando, esperando

A canção no governo de Nonô

Esperando o sol
Esperando o trem
Esperando aumento
Para o mês que vem
Esperando a festa
Esperando a sorte
E a mulher de Pedro
Está esperando um filho
Pra esperar também
Pedro Pedreiro penseiro esperando o trem
Manhã, parece, carece de esperar também
Para o bem de quem tem bem
De quem não tem vintém
Pedro pedreiro está esperando a morte
Ou esperando o dia de voltar pro norte
Pedro não sabe mas talvez no fundo
Espera alguma coisa coisa mais linda que o mundo
Maior do que o mar
Mas pra que sonhar
Se dá o desespero de esperar demais
Pedro pedreiro quer voltar atrás
Quer ser pedreiro pobre e nada mais

Sem ficar esperando, esperando, esperando
Esperando o sol
Esperando o trem
Esperando o aumento para o mês que vem
Esperando um filho pra esperar também,
Esperando a festa
Esperando a sorte
Esperando a morte
Esperando o norte
Esperando o dia de esperar ninguém
Esperando enfim nada mais além
Da esperança aflita, bendita, infinita
Do apito do trem
Pedro pedreiro pedreiro esperando
Pedro pedreiro pedreiro esperando
Pedro pedreiro pedreiro esperando o trem
Que já vem, que já vem (etc.)

Mas, mesmo antes do processo de industrialização do Brasil com Kubitschek, já vivíamos os problemas de ocupação do espaço urbano. A rigor, o êxodo rural os fez recrudescer ainda mais. O surgimento de cortiços, favelas[20] e a desorganização urbana, entre outras coisas, motivariam o compositor Adoniran Barbosa (seu verdadeiro nome é João Rubinato) a escrever canções como, *Saudosa maloca, Despejo na favela, Agüenta a mão, João*, entre outras. Todas com uma grande temática: o trinômio construção/demolição/construção na cidade de São Paulo dos anos 1950[21]. Interessante notar é que diversas canções de Adoniran, se concebidas em seu conjunto, nos dão uma idéia e imagem muito boas das transformações arquitetônicas por que passou a cidade de São Paulo, especialmente nos anos 1950 e 1960.

Quem traz o tema de Adoniran para os anos 1970 é Caetano Veloso, com a canção *Sampa*, escrita em 1978.

Enquanto nos anos 1950 Adoniran e seus amigos, Matogrosso e Joca, deveriam sair do palacete para obedecer a decisão judicial ("peguemo todas nossas coisa, e fumos pro meio da rua, apreciá a demolição"), no final dos anos 1970, Caetano reconhece a "força da grana que ergue e destrói coisas belas". É claro que ambos os textos têm a ver com o processo desordenado e desorganizado com que nosso país, na época, iria conhecer a modernidade industrial.

A bem da verdade, não foi o país como um todo. Foi especialmente a Região Sudeste e, acidentalmente, alguns outros pontos do país. Assim, como não temos organismos públicos

---

20. Sobre a vida na favela e nos cortiços, convém ler *Quarto de despejo*, de Carolina Maria de Jesus, Rio de Janeiro, Francisco Alves, 1963. A autora, favelada, relata o cotidiano dela e da sua família na favela. E, mais do que isso, a leitura do livro revela a triste realidade de um processo de desintegração social de uma população à margem de tudo: da sociedade, da produção econômica oficial, do planejamento e dos projetos do Estado, enfim, das condições minimamente humanas.
21. No livro, *Luz neon: canção e cultura na cidade*, São Paulo, Studio Nobel, 1995, analiso o significado da obra de Adoniran Barbosa, com destaque para a canção *Saudosa maloca*.

eficientes que ajudem na preservação da memória cultural do país, a cidade de São Paulo foi sendo construída e destruída, construída sistematicamente ao longo do tempo, sem nenhum critério para essa construção/desconstrução. Ela não tem em seu rosto as tão simpáticas "rugas do tempo", apenas "cicatrizes" camufladas pela sua modernidade, pela condição de cidade cosmopolita, não mais só brasileira, mas universal. Não existe quase mais nada da arquitetura do ciclo do café, muito menos dos séculos XVII e XVIII, só para não voltar muito no tempo. Remanescem algumas construções que sobreviveram ao processo de industrialização e de modernização da cidade. Talvez aqui a melhor palavra seja transformação, e não modernização.

Mas, como já assinalamos anteriormente, a década de 50 foi pródiga para o país, não só na indústria, mas na cultura também. Reflexo, evidentemente, das melhores condições econômicas que vivia o país, em face do desenvolvimentismo de Juscelino. A requintada arquitetura de Brasília, concebida por Oscar Niemeyer e Lúcio Costa, se tornaria realidade a partir de 21 de abril de 1960, quando se inaugura essa cidade, padrão de beleza arquitetônico reverenciado pelo resto do mundo. O presidente "Nonô" (assim era chamado por boa parte da imprensa e dos seus eleitores) cumpriria mais uma promessa de campanha política, ao levar a sede do governo federal para o planalto central do país. A "Velha Cap", como ficaria conhecido o Rio de Janeiro, deixaria de ser o centro das atenções e de decisões políticas, mas continuava sendo a capital cultural do país.

Nessa época, São Paulo, que já era nossa cidade mais rica, passaria a dividir com o Rio de Janeiro, as atenções dos grandes acontecimentos culturais. Tanto era assim que, logo no início do movimento bossa-nova na "Velha Cap", São Paulo já se integraria aos novos acordes e dissonâncias da música popular brasileira. O país, de fato, vivia um clima democrático e de bastante otimismo.

Nossa música popular, sempre presente na história política do país, dessa vez trazia a irreverência bem humorada do compositor Juca Chaves. Em sua canção, *Presidente bossa-nova*, de 1957, ele funde a sátira política com o novo e revolucionário ritmo da canção popular. O alvo, claro, era o governo de Juscelino Kubitschek, e o resultado é este:

> Bossa nova mesmo é ser presidente
> Desta terra descoberta por Cabral
> Para tanto, basta ser tão simplesmente
> Simpático, risonho, original
> Depois, desfrutada maravilha
> De ser o presidente do Brasil
> Voar da "Velha Cap" pra Brasília
> Ver Alvorada e voar de volta ao Rio
> Voar, voar, voar
> Voar, voar pra bem distante
> Até Versalhes, onde duas mineirinhas
> Valsinhas, dançam como debutante
> Interessante!
> Mandar parente a jato pro dentista
> Almoçar com tenista campeão
> Também pode ser um bom artista
> Exclusivista
> Tomando com Dilermando
> Umas aulinhas de violão
> Isso é viver como se aprova
> É ser um presidente bossa nova
> Bossa nova, muito nova
> Nova mesmo, ultra nova.

Na canção de Juca Chaves, a expressão "bossa nova" ganha a conotação de algo moderno. De fato, tratava-se de um ritmo musical inovador, esteticamente revolucionário, com todas as características de algo realmente moderno para a época. A imagem pública do presidente Juscelino também ia nessa direção. Desde a sua campanha para as eleições, ele e sua assessoria de propaganda política também procuravam associá-lo à idéia de modernidade. A industrialização do país, a política do desenvolvimentismo, a construção de Brasília e a própria idéia de uma nova e bonita capital para o país, entre outras coisas, transformaram-se em ingredientes de reforço à imagem de Juscelino como um presidente moderno e atualizado. Não bastassem esses aspectos, o presidente era realmente "simpático, risonho, original". Carismático e extremamente hábil, seu contato com o povo foi sempre caloroso e simpático de ambas as partes. Seu sorriso ficou famoso na história política do nosso país. Era um dos grandes trunfos políticos quando se dirigia à grande massa. O fascínio e a simpatia do sorriso do "Nonô" (veja como esta expressão o aproxima ainda mais do povo) viajaram o Brasil inteiro durante a campanha presidencial. Tínhamos uma televisão ainda embrionária, e a alternativa era mesmo visitar todas as cidades e lugarejos possíveis. Pois bem, "Nonô" foi até a cidade de Porto Velho, capital do então território do Guaporé, em 1955, fazer sua campanha, mostrar a força do seu carisma, a simpatia do seu sorriso e, evidentemente, apresentar seu moderno projeto para o Brasil. Foi o primeiro candidato à presidência da República a visitar a cidade.

Em outra canção, intitulada *Nasal sensual*, o cantor Juca Chaves se refere ao simpático sorriso do "Nonô". Apenas para dar uma idéia, vejamos o texto a seguir quando o autor usa o seu nariz para falar de personalidades consagradas na época:

> Nariz, ai meu nariz
> Como falam mal deste nasal
> Que é tão normal...
> ...Dizer que ele é até maior
> Que a miséria do país
> Que ele é bem maior que o Pelé
> Dizem até que é maior que o busto da Lolô
> Maior ainda que o sorriso do "Nonô"...

Não há dúvida de que *Presidente bossa-nova* é uma sátira política bem construída. Ela trabalha, ao mesmo tempo, sobre o comportamento político e pessoal do presidente Kubitschek. O fato de exercer o mais alto cargo da nação não impediu "Nonô", em seus momentos lúdicos, de receber aulas de violão com o violinista e compositor Dilermando Reis, como menciona Juca Chaves. Ele era muito afeto à música e na juventude gostava de serenatas. Por ocasião do término do seu mandato, "Nonô" ouviu uma multidão cantar sua canção preferida em frente ao Palácio Alvorada:

> Como pode um peixe vivo
> Viver fora da água fria...
> ...Como poderei viver
> Como poderei viver
> Sem a tua, sem a tua
> Sem a tua companhia...

Essa foi a forma encontrada por funcionários federais e o povo brasiliense, para se despedir de "Nonô". Entre tantas manifestações de afeto recebidas no final do seu mandato, essa era a mais mencionada por ele. Arrisco até a dizer porque foi a mais espontânea e nada protocolar. Não há registro ou indício de que tenha sido uma homenagem organizada por qualquer instituição. Assim, no último dia do seu mandato, o famoso "sorriso de Nonô" expressava, de forma muito especial, a alegria, a liberdade e a convicção do dever cumprido. Não por acaso, Juscelino é visto por especialistas e boa parcela da população mais politizada como um dos três melhores presidentes que já tivemos.

"Almoçar com tenista campeão." Este é um comportamento recorrente não apenas dos presidentes anteriores e posteriores a Nonô, mas em toda a classe política brasileira. E por que não dizer de muitos outros países? Para fazer justiça, é bom que se diga: encontros dessa natureza entre esportistas, artistas e políticos quase sempre têm dupla repercussão. É como se fosse uma rua de mão dupla. Há toda uma conveniência para ambos. No caso de um presidente da República, isso é ainda mais notório. Se, de uma parte, o presidente ganha dividendos políticos recebendo atletas ou artistas de grande popularidade a recíproca é verdadeira. Esses atletas ou artistas, somam agora à sua popularidade o grande prestígio de um encontro público com a maior autoridade política do país. E, algumas vezes, mais do que isso, com direito a grandes elogios e até condecorações.

O "tenista campeão" a quem se refere Juca Chaves é, na verdade, a tenista Maria Esther Bueno, paulista, tricampeã do conhecido torneio de Wimbledon. Essa prática de receber grandes figuras públicas não se limita ao regime e momento político vigentes. Grandes ditadores já receberam celebridades do esporte e das artes, desfrutando politicamente desse encontro. Algumas vezes, o atleta ou artista não é suficientemente informado sobre a realidade política do seu país e considera até uma honra encontrar-se publicamente com grandes autoridades políticas que servem a um regime autoritário. Ele não percebe (nem é obrigado a perceber) o uso político e ideológico que o Estado autoritário faz da sua imagem.

Já em países democráticos, o "uso" dessa imagem que se faz entre essas personalidades é amenizado por toda uma aura de liberdade, de direito de escolha e até mesmo de colaborar com a democracia do seu país. Foi o caso de Maria Esther Bueno, por exemplo, que aceitou convite para almoçar com o presidente Kubitschek. Como em nossos dias, o Brasil da época de Nonô também era democrático.

Em *Presidente bossa-nova*, Juca Chaves menciona ainda as constantes viagens de Juscelino da "Velha Cap" (Rio de Janeiro) à "Nova Cap" (Brasília), das visitas que fazia às suas filhas, Márcia e Maristella, em Versalhes. Principalmente, é preciso entender que, apesar da mudança da capital da República ter ocorrido oficialmente em 1960, o centro de decisões do país ficou, por curto período, entre Rio de Janeiro e Brasília. As reuniões políticas informais (às vezes, mais importantes e decisórias que as formais), as articulações de bastidores, as informações de última hora, enfim, uma série de sutilezas do cotidiano político aconteciam mesmo no Rio de Janeiro. A grande maioria dos políticos, pelo menos no início, não aparecia em Brasília. A "Velha Cap", após o expediente de trabalho, oferecia toda uma infra-estrutura lúdica e de relações sociais que a "Nova Cap", por motivos óbvios, ainda não poderia oferecer. Portanto, assim como todos os políticos federais, Nonô também viveu um curto período do seu mandato entre Brasília e Rio de Janeiro.

Houve uma época, no nosso país, em que os meios de comunicação não eram tão vigilantes à ação dos políticos. Para o bem da sociedade, do Estado e o aperfeiçoamento da própria cidadania, tudo isso mudou sensivelmente para melhor. Hoje, porém, em que pese a eventual manipulação da informação que em alguns casos existe, a sociedade é melhor informada do que, por exemplo, nos anos 50. Mesmo assim, a música popular brasileira registrou, na história política do país, talvez um pequeno deslize do presidente Juscelino: "mandar parente a jato pro dentista." Não deve e não pode. O patrimônio público não pode estar a serviço pessoal de nenhuma pessoa. Evidentemente, essa lei federal existe para punir os abusos, os exageros e as maracutaias dos políticos oportunistas e desonestos. Na prática do dia-a-dia, porém, especificamente nesse caso, os limites entre poder e não poder usar serviços públicos são muito tênues e indefinidos. Mas, seja como for, parece mesmo ter faltado, nesse caso, a devida cautela ao nosso presidente. Talvez ele nem precisasse "mandar parente a jato pro dentista".

É preciso saber que casos como esse do presidente Nonô são recorrentes na história política do Brasil. E como a música popular brasileira ainda não registrou dois casos recentes, resolvi fazê-lo com o objetivo de contribuir para eventuais futuros debates sobre o tema. O primeiro caso é caricato. Num primeiro momento, parece até que estou fazendo zombaria com você, caro leitor. Mas não estou, acredite. O senhor Rogério Magri, então ministro do Trabalho do ex-presidente Fernando Collor de Melo, certa ocasião foi surpreendido por alguns jornalistas. Ele transportava seu cachorro até o médico veterinário em carro oficial do seu ministério. Indagado por um desses profissionais se seu ato naquele momento não era ilegal, o ministro não teve dúvidas e respondeu: "Cachorro também é humano". O segundo caso é um pouco semelhante ao do presidente Kubitschek. Durante as férias do final de ano, o filho do presidente Lula, com a anuência do seu pai, convidou catorze amigos para passarem alguns dias com ele em Brasília, no Palácio Alvorada. Enquanto Lula for o presidente, ali será sua residência oficial e, portanto, de sua família também. Seria exagero, e algo extremamente rigoroso, interpretar esse caso como uso indevido do patrimônio público. Assim, quero repetir a mesma frase quando me reportei ao caso do presidente Nonô. Os limites entre poder e não poder usar serviços públicos são muito tênues e indefinidos. De qualquer modo, a prudência e a cautela, nesse momento, é o que há de mais sábio a ter.

Em casos em que a lei é inespecífica e pode gerar uma polissemia sobre ela mesma, o melhor é guardar-se e proteger-se de interpretações que gerem polêmica e dúvidas. Se no direito penal essa mesma dúvida beneficia o réu, isso já não ocorre nos casos aqui citados. Na política, a lógica formal e a ética de comportamentos, exigem outros cuidados que não passam apenas pelos cânones da lei. A grande imprensa vai trabalhar a notícia sobre eles quase sempre como forma de denúncia, como manchete de uma grande novidade. Para a opinião pública, o registro é feito sobre a primeira notícia, a informação de superfície. E nem sempre ela revela a fidelidade dos fatos. A essa altura dos acontecimentos, o que fica para o "consciente coletivo" é a imagem do político aproveitador que quer sempre se dar bem às custas do dinheiro público. E, como sabemos, algumas vezes essa interpretação e a imagem que ficou não fazem justiça ao fato em si.

De resto, a bem construída sátira de Juca Chaves reduz ao mínimo as qualidades que uma pessoa precisaria ter para ser presidente do Brasil. Justamente sobre isso, ele diz:

> Para tanto, basta ser tão simplesmente
> Simpático, risonho, original
> Depois desfrutar da maravilha
> De ser o presidente do Brasil...

Ora, se Juscelino fosse apenas "simpático, risonho, original", provavelmente não teria vencido as eleições para presidente. E se isso acontecesse, seguramente, só sua simpatia, o sorriso e a originalidade não o conduziriam até o final do mandato de cinco anos. Como se sabe, por muito pouco Kubitschek não assumiria a presidência da República. Nesse momento, não bastaria "ser, tão simplesmente, simpático, risonho, original". Foi indispensável todo um jogo de grande habilidade e articulações políticas, que contou ainda com sua competência administrativa e o seu projeto bem elaborado para o Brasil. Nossa democracia nessa época era frágil, anêmica e cambaleante. Quase falece mais uma vez.

A segunda metade dos anos 1950 e toda a década de 1960 resultaram especialmente férteis para o binômio música/política. As sátiras do compositor Juca Chaves, de fato, têm seu espaço e sua importância nesse cenário. Predecessor por pouco tempo e mais tarde contemporâneo da chamada canção de protesto[22], seu trabalho

---

22. Sobre a canção de protesto, ler *Balanço da bossa e outras bossas*, de Augusto de Campos, São Paulo, Perspectiva, 1986.

musical correu paralelo às efervescências políticas dessa época, sem, no entanto, "engajar-se" em qualquer partido ou movimento político-ideológico. O tom jocoso e irreverente de suas canções contrastavam com a sisudez e o realismo dos textos poético-musicais da canção de protesto. Ambas, porém, tinham o mesmo objetivo: denunciar as mazelas da nossa política, as injustiças sociais, a pobreza da sociedade brasileira, as arbitrariedades e desmandos do Estado contra o cidadão. A partir daí, os objetivos passariam a ser diferentes. A canção de protesto, como veremos adiante, estava inserida em um contexto maior, que incorporava, entre outras coisas, diversos segmentos da cultura brasileira. Havia, nitidamente, uma proposta político-ideológica de esquerda, cujo objetivo era a tomada do poder para transformar o Brasil em uma sociedade mais justa. Reacendia-se a luta ideológica, enfraquecida desde a cassação do PCB – Partido Comunista Brasileiro, em 1947.

O cantor e compositor Juca Chaves não se identificava com a ideologização da música popular brasileira. Suas canções tinham, ao mesmo tempo, um tom satírico e sarcástico. Era a denúncia bem humorada e com grande receptividade junto ao público. Não tinha afinidade com os propósitos do movimento de esquerda e era tratado até com certa reserva por seus participantes. De outra parte, era muito malvisto pela grande maioria dos políticos, que o abominavam. Ele era implacável com os maus políticos. Foi preso algumas vezes por "desacato à autoridade" e proibido de cantar em público, algumas das suas músicas durante o período dos governos militares. O presidente Juscelino, aliás, em momentos de profunda irritação com o cantor, pensou em proibir *Presidente bossa-nova*. O motivo teria sido especialmente, mas não só, a frase "mandar parente a jato pro dentista". Os assessores de Nonô usaram de forte argumento para dissuadi-lo da idéia. Se o fizesse, a grande imprensa consideraria uma atitude autoritária, um retrocesso democrático. Além da pressão que o governo receberia para liberar a canção, a própria proibição daria projeção ainda maior ao trabalho do cantor. Juscelino aceitou a sugestão e não tocou mais no assunto.

Essa atitude, é claro, teria sido mesmo um equívoco do presidente. Primeiro, porque ela iria exatamente ao encontro do que desejavam seus adversários políticos. Carlos Lacerda, por exemplo, teria vibrado de alegria. Seria um grande argumento para tentar desgastar o prestígio público e político do presidente. O segundo argumento é mais simples e, talvez, menos importante. Juca Chaves tinha simpatia pelo governo de Juscelino. Tanto é assim que as outras canções feitas durante sua gestão eram exatamente bem humoradas e não denegriam em nada o governo ou a figura pessoal do presidente.

Isso não queria dizer, evidentemente, que o cantor deixaria de lado a denúncia, a sátira política. Ao contrário, ele continuaria fiel à sua temática, não poupando os maus políticos. Olhado com desconfiança pela esquerda, odiado pela direita e por boa parte do *establishment*, Juca Chaves se tornaria assim, uma espécie de "menestrel maldito". Certa vez, durante entrevista televisiva, irritou profundamente as pessoas, que esperavam dele uma definição política. Não o fez e não deu satisfações. Sempre muito educado e irônico, ao mesmo tempo, preferiu interpretar as perguntas como brincadeira.

Boa parte da sua obra não é só musical, é político-musical. Desde o governo de Juscelino até o de Itamar Franco, o cantor usou sua música para fazer a denúncia política. Quero registrar aqui suas principais canções satíricas, para que futuros pesquisadores interessados nesse tema possam ter uma referência a mais:

Presidente bossa-nova (1957)
Mudança do destino (1958)
Caixinha obrigado (1959)
O Brasil já vai à guerra (1960)

Contrabando de café (1961)
Legalidade (1962)
Dona Maria Tereza (1962)
Lembretes (1962)
Políticos de cordel (1975)
A semana de João (1982)
Votar, votar (1984)
Assim é o Rio (1984)
Nova República (1985)
Fricote do pacote (1987)
Super Collor (1990)
O imexível bode expiatório (1991)
Honestidade (1991)
Ah! Se o seu fusca votasse (1993)
Plebiscito (1993)

Além de *Presidente bossa-nova,* que já analisamos, convém destacar *Políticos de cordel,* composta em 1975, durante o governo do presidente Ernesto Geisel. Essa é, certamente, a canção do autor que possui o texto poético mais contundente e, justamente por isso, resolvemos transcrevê-la na íntegra:

Parte falada:
Políticos de Cordel. Qualquer semelhança com políticos vivos ou mortos é mera coincidência premeditada.

Parte cantada:
Esse Brasil é um puteiro
Até aí nada de novo
Pois a puta é o próprio povo
O freguês ou é banqueiro, comerciante ou ladrão
Político é o cafetão, a polícia cafetina
A imprensa cocaína que vicia o cidadão

O médico é um charlatão
O charlatão é um doutor
O estudante é um professor
O professor é vilão
O artista um marginal
Ontem e hoje tudo igual
E amanhã será o quê?
Se a justiça é um crupiê
Vence a banca é natural
Afinal quem é que fez
Essa grande confusão
Foi um herói português
Que expulsando outro francês
Afundou essa nação
Pois agora a solução
É embrulhá-la num jornal
Devolvê-la a Portugal
E depois pedir perdão
Presidente é quem preside
Governador, quem governa
Como aqui é uma baderna
Um cantador do Ñordeste disse uma frase batuta
Se bicudo vem de bica
E se grota vem de gruta
Conforme a palavra indica
Deputado vem de puta, ah...!
Deus ajude que não morra
O jeitinho brasileiro
Somos putas, então porra
Que viva o nosso puteiro, ah...!

    Juca Chaves canta *Políticos de cordel* em ritmo de repentista. Lembra ainda, as famosas "emboladas" do nordestino Manezinho Araújo, cantando *Futebol na roça*, *Pra onde vai valente*, entre outras. Esses dois estilos, como se sabe, têm toda uma tradição e fazem parte do que se convencionou chamar de cultura de cordel. O termo "cordel" significa uma corda bastante fina, uma espécie de barbante, onde os poetas populares nordestinos, também conhecidos por "cordelistas", penduravam seus livretos de prosa ou de poesia (algumas musicadas) para vendê-las em feiras públicas. Dessa prática surgiu o nome literatura de cordel. Entre tantos temas trabalhados por esses prosadores e poetas, destaca-se o escárnio político.

O compositor Juca Chaves seguiu à risca a receita dos cordelistas. Nada escapou ao seu discurso poético-escatofônico. Não há qualquer dúvida, o seu objetivo era "sacudir" o *establishment*, a burguesia endinheirada, os políticos corruptos, enfim, acordar o próprio país. Melhor que enumerar todos eles, é analisá-los em separado e depois repensar o conjunto do texto poético.

Se, como ele diz, "Esse Brasil é um puteiro, até aí nada de novo", então a situação de país "puteiro" resulta consolidada. À sociedade, resta a resignação ao prostíbulo ou à revolução. E se "a puta é o próprio povo", o prostíbulo é sustentado, ou melhor, explorado pelo banqueiro, comerciante ou ladrão que, afinal, são os fregueses do puteiro onde vive o povo. Nesse caso, qualquer revolução seria melhor, ou menos ruim que um puteiro. Ora, se num país que por si só já é um puteiro o político e a polícia são, respectivamente, cafetão e cafetina do povo, a imprensa, nossa cocaína, a justiça um crupiê, o que nos resta ainda de ruim?

Para Juca Chaves há algo mais. Ele simplesmente desconstrói a organização política-administrativa do país e algumas instituições já consolidadas na sociedade. Seria algo assim como desfazer para reconstruir. Mas será que o autor de *Políticos de cordel* teve mesmo duas intenções simultâneas e aparentemente tão díspares? Bem, se não pensou na reconstrução, uma coisa é certa: na desconstrução ele pensou. Os desmandos, as arbitrariedades dos nossos dirigentes e das instituições públicas foram seu alvo principal. Senão, vejamos seu texto, quando se reporta especialmente ao Brasil:

> Afinal quem é que fez
> Essa grande confusão
> Foi um herói português
> Que expulsando outro francês
> Afundou essa nação
> Pois agora a solução
> É embrulhá-la num jornal
> Devolvê-la a Portugal
> E depois pedir perdão

  Aqui, nem nossos colonizadores saíram ilesos do que poderíamos chamar de "metralhadora giratória" do discurso de Juca Chaves. Na verdade, quando ele se reporta à ação de Portugal no Brasil ("Afundou essa nação"), não podemos dizer que ele está de todo errado. Basta passar uma vista d'olhos na história da colonização brasileira. Não é nosso tema, paramos por aqui.
  Outro aspecto que chama a atenção é a constante inversão de valores que se observa no cotidiano das relações sociais:

> O médico é um charlatão
> O charlatão é um doutor
> O estudante é um professor
> O professor é vilão
> O artista um marginal

  Nesse caso, o problema não é exatamente do nosso país, mas da esperteza, da malandragem, de alguém que tenta ludibriar a boa-fé de outra pessoa. Não são poucos os casos de profissionais charlatões e charlatões profissionais. O exemplo do médico é muito feliz, mas a situação é extensiva a quase todas as atividades do homem. Quanto à frase, "O artista, um marginal, a própria história da cultura lúdica do nosso país atesta a afirmação do autor. Já vai longe o tempo (início do século XX) em que havia proibição oficial do governo contra o uso público do violão. Quem desobedecesse à lei, era preso e levado para a Delegacia de Usos e Costumes, por malandragem. O violonista era considerado um marginal. Guardadas as devidas proporções, de tempo e de espaço, ainda existem em nosso país algumas funções ou profissões que continuam malvistas. São os casos, por exemplo, dos cantores da noite e dos modelos, homens e mulheres. Nesse caso, os profissionais da noite se enquadram precisamente na categoria de marginal, como diz Juca Chaves.

No tocante às frases "Se a justiça é um crupiê, Vence a banca, é natural", é necessário se fazer algumas considerações político-ideológicas. *Políticos de cordel* foi escrita em 1975, quando o governo militar agia soberano em nosso país. Todas as resistências políticas haviam sido derrotadas ou afastadas por leis ou decretos. Um pouco antes, entre 1968 e 1972, o país viveu a verdadeira guerrilha urbana. Uma parte dos adversários do governo desapareceu nos confrontos com as forças militares e, até nossos dias, não sabemos precisamente quantos foram.

Algumas dessas pessoas foram "julgadas" pela justiça militar, condenadas e desapareceram. São diversos os casos desse tipo e vários trabalhos já foram publicados sobre esse período.[23] O julgamento da justiça militar é que sempre foi colocado em dúvida pelas autoridades civis, quanto à sua legitimidade e imparcialidade. É completamente fora de propósito, senão absurda, a idéia de um adversário julgar o outro. Afinal, tratava-se de uma luta político-ideológica entre as forças que representavam o Estado, contra grupos políticos de esquerda que lutavam por uma sociedade mais justa e democrática. Portanto, parece ter razão o compositor Juca Chaves quando compara a justiça da época com o crupiê. A função desse profissional é, formalmente, coordenar a banca do jogo. Na prática, no entanto, ele está defendendo os interesses do proprietário do

---

23. Convém consultar o livro publicado pela Cúria Metropolitana de São Paulo, intitulado *Brasil, nunca mais,* São Paulo, 1990.

cassino. Do mesmo modo, a função da justiça é julgar, sempre de modo imparcial. Nesse caso, sabia-se, *a priori*, que ela não tinha a neutralidade necessária para julgar prisioneiros políticos. Até porque a luta político-ideológica era direta entre militares e militantes da esquerda. Seria muito ingênuo e até pueril acreditar na imparcialidade da justiça militar. Seria ainda como guardar o queijo no caminho do rato. O conhecido provérbio popular "a justiça tarda mas não falha" nesse período não vingava. Funcionava ao contrário, isto é, "a justiça não tarda e sempre falha". Portanto, como diz o autor, "Se a justiça é o crupiê, Vence a banca, é natural". E, assim, os militares ainda governaram o país até 1985.

  Sobre a imprensa, o problema não era muito diferente. A estreita vigilância da censura sobre toda a produção cultural brasileira, não só omitia, mas também eliminava todas as informações que não fossem ao encontro dos interesses do Estado militar. Assim, a sociedade era, não propriamente informada, mas tomava conhecimento apenas do trivial, da notícia-padrão no plano internacional. No âmbito doméstico, só se sabia da mesmice das "grandes realizações" do governo. Vivemos porque fomos compelidos a um período de grande afasia e torpor coletivo. Talvez venha dessa situação a frase de Juca Chaves, "A imprensa cocaína que vicia o cidadão". É muito importante deixar claro que os veículos de comunicação de massa não tinham alternativa, porque a censura era implacável. Alguns jornais, como a *Folha de S. Paulo,* quando censurada, preenchia o espaço da notícia de preto, e o jornal ia para as bancas. O *Estado de São Paulo* optou por publicar trechos de *Os Lusíadas.* Já o *Jornal da Tarde* se dedicou à publicação de receitas culinárias.

  O cantor e compositor Juca Chaves, como já mencionamos, não era um artista politicamente engajado. Não se filiou a nenhum grupo político. Nada disso impediu que fosse igualmente perseguido, como eram os grupos que queriam tomar o poder em nome da justiça social e da democracia. Suas sátiras em forma de canção, no entanto, incomodaram tanto os governos militares, quanto os grupos de esquerda, ou as manifestações político-culturais de outras artes como o cinema, o teatro e a literatura, apenas para citar algumas. *Políticos de cordel*, é claro, foi censurada em 1975, quando o cantor a compôs. De qualquer modo, isso já era esperado. Até porque grande parte das suas canções já estava proibida.

IV

A bossa-nova

Ainda no final dos anos 1950, no governo de Juscelino surge, se é que podemos chamar assim, um novo ritmo na música popular brasileira: a bossa-nova. Batidas sutis no violão, acordes, dissonâncias, arranjos musicais sofisticados, tudo isso nos trazia um som "suspenso no ar" e uma nova forma de interpretar o nosso samba. Nessa mesma época, como já vimos, a política brasileira vivia a euforia do desenvolvimentismo econômico. A televisão que só tinha seis anos em nosso país, daria um grande impulso aos meios de comunicação de massa, especialmente no meio urbano.

É nesse contexto que um certo número de jovens instrumentistas e cantores muito talentosos dariam projeção a um ritmo e estilo musical que mais tarde seria chamado de bossa-nova. A principal identidade entre eles residia na forma intimista de cantar e tocar os instrumentos. O apartamento do doutor Jairo Leão, pai da menina-moça Nara Leão, era o ponto de reunião dos bossa-novistas amigos de Ronaldo Bôscoli, namorado de Nara. Roberto Menescal, Johnny Alf, Silvinha Teles e Carlos Lyra eram assíduos freqüentadores do círculo que cria a bossa-nova. O maestro Antônio Carlos Jobim, o ex-diplomata Vinícius de Moraes e João Gilberto se integrariam a esse grupo com menos assiduidade. Vinicius, por exemplo, só iria ao apartamento de Nara Leão pela primeira vez em 1963, quando o movimento já estava consolidado. Tom Jobim e João Gilberto foram muito poucas vezes.

O dia 10 de julho de 1958 ficou sendo o marco inicial de todo o movimento bossa-nova. É quando João Gilberto grava o primeiro disco em 78 rotações, com as músicas, *Chega de saudade* e *Bim bom*. O histórico disco da gravadora Odeon de número 14.360 curiosamente não mencionava lado A ou lado B para as gravações. A explicação, na verdade, passa por uma estranha mas bem sucedida estratégia de marketing da gravadora Odeon. A explicação vem do livro de Ruy Castro da seguinte maneira: "Por sugestão do próprio Gurzoni, os discos da Odeon haviam abolido as especificações de lado A ou lado B nos selos, para induzir as rádios a tocar os dois lados. Mas, ao ver os nomes de Antonio Carlos Jobim e Vinícius de Moraes como autores calculou que *Chega de saudade* devia ser o lado A e tocou o primeiro"[24]. Além disso, o ritmo atribuído no disco para *Chega de saudade* era samba-canção.

O sucesso da bossa-nova, porém, não iria depender apenas das canções bem construídas por seus cantores e compositores. A qualidade da linha melódica e o talento para interpretar, embora fossem importantes, estariam ainda na dependência de um trabalho de divulgação e até do popular "jabaculê". É assim, entre outras formas, que se promove uma canção, um disco, um cantor. O sucesso do primeiro disco da bossa-nova e seu protagonista João Gilberto tiveram que passar por essa fase. Em sua própria gravadora houve resistência ao estilo intimista de cantar.

O diretor da Odeon, Oswaldo Gurzoni, por exemplo, não teve boa vontade em divulgar o disco. Após quebrá-lo diante dos vendedores da própria empresa, ele extrapolou em seu destempero verbal: "Esta é a merda que o Rio nos manda!"[25] Ainda que com toda a resistência de Gurzoni, o disco teria de circular, ser bem "trabalhado" em São Paulo. Afinal, estava ali o maior mercado consumidor do país.

---

24. CASTRO, Ruy. *Chega de saudade*. São Paulo, Cia. das Letras, 1991, p. 185.
25. CASTRO, Ruy. Op. cit, p. 185.

No Rio de Janeiro o disco já não tinha sido bem aceito e isso, de certa forma, aumentava a responsabilidade de "emplacá-lo" em São Paulo. E foi exatamente o que aconteceu. Por meio de uma boa articulação com o gerente das Lojas Assumpção, com vinte e cinco lojas espalhadas na capital e no interior, *Chega de saudade* e *Bim bom*, começariam a chegar ao grande público. Isto porque, essa empresa era a maior compradora de discos do país e, além disso, a patrocinadora do *Parada de Sucessos*, o musical de maior audiência em São Paulo, na Rádio Excelsior-Nacional. O então "disc-jockey" Hélio de Alencar se encarregaria de promover *Chega de saudade*. A estratégia deu certo, e São Paulo, a partir daquele momento, estaria tomando contato com os primeiros acordes e dissonâncias do que mais tarde seria chamado de movimento bossa-nova. Aqui convém fazer um registro. Após o sucesso alcançado por essa música com João Gilberto, o maestro Tom Jobim confessara que as inovações rítmicas dessa melodia não foram intencionais. Tanto é assim que a primeira gravação dessa música foi com Elizeth Cardoso, considerada uma intérprete mais convencional e de estilo grandiloqüente.

Mas o processo renovador da nossa música popular continuaria. Antonio Carlos Jobim e Newton Mendonça[26] compõem a canção *Desafinado*. Novamente, em 10 de novembro de 1958, o estilo e a voz intimista de João Gilberto iriam prevalecer. A gravação de *Desafinado* foi, certamente, a mais expressiva para o movimento bossa-nova. Além da inovação rítmica, agora intencional e melhor elaborada, o texto poético faz uma síntese explicativa do "comportamento antimusical" que permearia o movimento bossa-nova como vimos abaixo:

> Se você insiste em classificar
> Meu comportamento de antimusical
> Eu mesmo mentindo, devo argumentar
> Que isto é bossa-nova, que isto é muito natural..."

---

26. O disco *Desafinado*, da Odeon, apresenta impresso em seu selo o nome Milton Mendonça. Mas, na literatura sobre a bossa-nova, aparece sempre o nome Newton Mendonça.

Essa canção, no decorrer do tempo, passou a ser assim uma espécie de representante "oficial" do movimento bossa-nova. Ao lado de *Chega de saudade*, elas representam mesmo o que poderíamos chamar de pontapé inicial do movimento bossa-nova. Um fato bem interessante e digno de registro é que o sucesso inicial de público da bossa-nova não começaria pelo Rio de Janeiro, onde se originou todo o movimento. O sucesso de vendas e de público de *Chega de saudade* inicia-se em São Paulo, como vimos, graças a um bem elaborado trabalho de marketing e de propaganda realizado pela Odeon. Posteriormente, aí sim é que passaria a fazer sucesso no Rio de Janeiro.

Já o caso de *Desafinado* não seguiu a mesma trajetória. Impulsionada pelo sucesso de *Chega de saudade* nas duas maiores capitais do país, foi só uma questão de tempo, e ela já estava entre as mais vendidas e solicitadas pelo público. Importante dizer: não pelo grande público, mas por um segmento da sociedade paulistana e carioca um pouco mais exigente em seus conceitos estético-musicais. Em sua maioria, como disse certa ocasião o poeta Vinicius de Moraes, eram jovens universitários. Mais tarde, assim, a bossa-nova se tornaria realmente mais popular. As canções, *Bim bom* e *Hô-ba-la-lá*, outro lado dos discos, *Chega de saudade* e *Desafinado*, respectivamente, foram coadjuvantes importantes, mas menos conhecidas.

Casos como esses ocorriam com muita freqüência na indústria do disco quando só havia 78 RPM. Um acordo entre o divulgador da gravadora e as emissoras de rádio estabelecia qual seria a canção mais "trabalhada" junto ao público. Assim, ela se tornaria conhecida, na mesma proporção do desconhecimento da outra canção que estaria no lado B. Só um pouco mais tarde é que a "coadjuvante", eventualmente, também ficaria relativamente conhecida.

Foi isso, precisamente, o que ocorreu com *Bim bom* e *Ho-ba-la-lá*, que tinham o mesmo nível estético-musical de *Chega de saudade* e *Desafinado*.

Esse critério, no entanto, era sempre baseado na mera intuição desses "especialistas" do gosto popular. De tanto serem tocadas nas emissoras de rádio, elas terminavam aprovadas pelo público. Algo semelhante, por exemplo, ao que aconteceu na indústria automobilística. O Volkswagen (fusquinha), quando começou a circular pelas ruas de São Paulo e outras cidades do país, impressionava pela sua feiúra. Havia sempre um desdém, uma chacota do seu estilo. No decorrer do tempo, porém, transformou-se na grande paixão nacional, embora mantivesse a mesma estética de suas formas até o último veículo fabricado.

Casos como esses, que se baseiam na repetição exaustiva do produto, são estratégias de propaganda e marketing muito conhecidas, mas nem sempre eficientes. Seu sucesso depende de uma série de fatores que, se agirem concomitantemente, poderão trazer os resultados desejados. Não faz parte de meu projeto, pelo menos neste momento, analisar essas questões. De qualquer modo, no caso específico da música popular, sabemos que essas estratégias têm dado certo.

Com efeito, o sucesso alcançado por João Gilberto como intérprete e não mais apenas como violonista, faria escola na música popular brasileira. A forma intimista e até os sussurros ao interpretar suas canções levaram outros cantores a seguir seu estilo, com algumas pequenas nuanças pessoais. A partir desse momento, não havia mais dúvidas sobre os novos caminhos da música popular brasileira. O trabalho inovador do maestro Antônio Carlos Jobim, a criação poética de Vinicius de Moraes e Newton Mendonça, a formação teórica e o talento de Roberto Menescal haviam criado uma nova estética musical. O estilo grandiloqüente de intérpretes como Orlando Silva, Sílvio Caldas, Nelson Gonçalves, entre outros, conviveria agora com as inovações da bossa-nova.

Tratava-se, portanto, de duas formas diferentes, mas não necessariamente opostas, como ainda se ouve dizer, de se interpretar nossa música. Tratava-se, ainda, de uma música esteticamente revolucionária, mas nem por isso, melhor que a anterior. Tanto é assim que ambas atravessaram o tempo e coexistem contemporaneamente. O fato de a bossa-nova ser preferida por um público mais letrado a caracterizava, no início, como um acontecimento musical da Zona Sul do Rio de Janeiro. Seus refinamentos harmônicos e instrumentais a diferenciavam de toda a música até então feita em nosso país. A este acontecimento estético-musical, realmente podemos chamar de movimento musical. Ele produziu transformações, mudou a concepção de harmonia na música popular brasileira, tornando-a ainda mais rica, especialmente em seus componentes formais.

A linguagem poético-musical, de fato, realçava ainda mais as diferenças entre a bossa-nova e tudo o que até então já havia ocorrido em nossa música. Em seu livro *Balanço da bossa e outras bossas*, Augusto de Campos divide a narrativa bossa-novista em dois momentos diferentes. Referindo-se à fase inicial, ele cria a expressão "cor local" (alusão ao Rio de Janeiro) para mostrar que, até aquele momento, a bossa-nova ainda não tinha como tema as questões político-ideológicas do nosso país. Para ele, uma das mais importantes marcas dessa primeira fase "é, sem dúvida, 'o tom coloquial' da narrativa. É o uso da linguagem simples, feita de elementos extraídos do cotidiano da vida urbana, que revelam uma poética cheia de humor, ironia, blague, gozação e malícia; às vezes também melancólica, afetiva, intimista; às vezes socialmente participante, em tom de protesto e inconformismo: nunca, porém, demagógica, dramática ou patológica, evitando sempre o chavão poético, as frases feitas, a metáfora ou as palavras de forte efeito expressivo.[27]"

---

27. CAMPOS, Augusto de. Op. cit. p. 79.

Poderíamos dizer que canções como, *O barquinho*, *Lobo bobo*, *Corcovado*, *Garoto de Ipanema*, *Chega de saudade* e *Desafinado*, entre outras, fazem parte do primeiro momento da bossa-nova. De fato, o amor, o sorriso, a flor, o sol, o mar e a praia nos davam uma visão lírica, poética e quase lúdica da vida, em que pesem os momentos de melancolia, como destaca o autor. Além disso, o caráter afetuoso, intimista e às vezes brincalhão desse primeiro momento, passava uma imagem de leveza, paz e até liberdade. Nesse contexto, pelo menos em sua primeira fase, os cantores e compositores da bossa-nova descartaram os temas políticos. Mas só por pouco tempo, como mostra a trajetória do próprio movimento.

Rubens Gerchman

V

A bossa-nova se politiza

Estávamos vivendo o início dos anos 1960. O governo do presidente Kubitschek, em que pese a sua política econômica desenvolvimentista, não conseguia absorver todo o contingente ativo de produção, que aumentava significativamente. A jovem população brasileira procurava inserir-se no mercado de trabalho, mas tinha algumas dificuldades naturais e previsíveis, a despeito do crescimento econômico do país. Historicamente, sempre foi assim. Ainda não houve um momento em que a oferta e a demanda da força de trabalho se mantivessem equilibradas no Brasil. Isso é válido também para a grande maioria dos países em desenvolvimento, que buscam o fortalecimento e a consolidação da sua economia.

O Brasil, como seu tortuoso percurso político, ainda lutava pela permanência da frágil democracia conquistada com a posse de Juscelino. Os jogos de interesses, a ambição política e as manobras espúrias ameaçavam desestabilizar o país. Os diferentes interesses entre os poderes Executivo e Legislativo os distanciavam ainda mais. Era uma queda-de-braço cujos únicos perdedores seriam o Estado e a sociedade.

Nas grandes cidades, os trabalhadores se organizavam em sindicatos para unificar suas forças, reivindicar melhores salários, direitos previdenciários e defender as instituições democráticas. Na Paraíba e em Pernambuco, as chamadas Ligas Camponesas cresciam e ganhavam projeção nacional. Em dezembro de 1963, com a criação da CNTA – Confederação Nacional dos Trabalhadores Agrícolas, o sindicalismo rural se fortalece e a tão decantada reforma agrária volta à vitrina dos grandes temas nacionais.

De outra parte, a população urbana, especialmente das grandes cidades, onde era mais fácil perceber o clima político, temia a instabilidade econômica, mas tinha poucas opções para agir. É quando setores mais progressistas da classe média organizam-se para apoiar os movimentos sociais em defesa da nossa combalida democracia. As reformas de base, tão necessárias ao país, tinham ostensivo apoio de alguns segmentos da sociedade. Artistas, jornalistas, estudantes e professores tiveram importante participação, chegando mesmo a criar condições para atividades de militância política e cultural. É o caso dos estudantes, por exemplo. Durante o governo de João Goulart, a UNE – União Nacional dos Estudantes radicalizaria seu discurso, propondo transformações sociais imediatas. A criação do CPC – Centro Popular de Cultura, por esse órgão em 1961, vai ao encontro desses objetivos. Seu plano de ação para as mudanças desejadas incluía discussões sobre a realidade sociopolítica, econômica e cultural do Brasil, produção de discos de música popular, divulgação de filmes, peças de teatro e artes plásticas.

No tocante à música popular, a meta dos idealizadores CPC era bem clara: mudar "o sentido comum da música popular, dos problemas puramente individuais para um âmbito geral: o compositor se faz o intérprete esclarecido dos sentimentos populares, induzindo-o a perceber as causas de muitas das dificuldades com que se debate."[28] Este texto consta da apresentação do disco compacto intitulado *O povo canta*, feito pela UNE e CPC com temática essencialmente política. Vejamos algumas canções: *Grileiro vem, pedra vai*, de Rafael de Carvalho, *João da Silva ou o falso nacionalista*, de Billy Blanco, *Canção do trilhãozinho*, de Carlos Lyra e Chico de Assis, e *Zé da Silva é um homem livre*, de Geni Marcondes e Augusto Boal.

---

28. TINHORÃO, José Ramos. Op. cit., p. 238.

Estava no centro dos debates "a definição de estratégias para a construção de uma cultura 'nacional, popular e democrática'. Atraindo jovens intelectuais, os CPCs-que aos poucos se organizavam por todo o país – tratavam de desenvolver uma atividade conscientizadora junto às classes populares. Um novo tipo de artista, 'revolucionário e consequente,' ganharia forma. Empolgados pelos ventos da afervescência política, os CPCs defendiam a opção pela 'arte revolucionária,' definida como instrumento a serviço da revolução social, que deveria abandonar a 'ilusória liberdade abstratizada em telas e obras sem conteúdo' para voltar-se coletiva e didaticamente ao povo, restituindo-lhe 'a consciência de si mesmo'"[29].

Mesmo apresentando divergências em suas bases, quanto à orientação político-ideológica, o CPC desenvolveu um trabalho de massa bastante significativo para a época. O cinema, o teatro, a música, a poesia, entre outras manifestações artísticas, chegavam às favelas, aos sindicatos, às fábricas e associações de bairros da periferia. Era um trabalho político-ideológico que alcançava diversas capitais do país, com o apoio do PCB – Partido Comunista Brasileiro. O objetivo, claro, era levar o povo brasileiro a tomar consciência da sua realidade, das injustiças sociais, da exploração do trabalhador, entre outras coisas, que vão ao encontro dos fundamentos ideológicos do PCB.

A produção cultural do CPC, entre dezembro de 1961 até final de 1962, daria idéia do fecundo e bem intencionado trabalho político-ideológico que realizava. Peças de teatro como, por exemplo, *Eles não usam black-tie* e *A vez de recusa*, estão entre as obras que devem sempre ser lembradas.

A primeira marcou a própria cultura brasileira. Independente de ser um trabalho notoriamente de orientação ideológica e compromissada com a esquerda, ele atravessou o tempo e se

---

29. HOLLANDA, Heloísa B. de e GONÇALVES, Marcos A. Op. cit., p. 10

transformou em uma espécie de clássico do teatro, do cinema e da própria cultura brasileira. O trabalho político realizado nessa peça e filme retrata a luta do proletariado para manter sua dignidade, a lealdade com a própria classe trabalhadora e, ao mesmo tempo, lutar contra a delação e a exploração espúria do capital.

Mas a produção cultural e ideológica do CPC ia mais adiante. A coleção Cadernos do Povo, reunia sempre uma série de textos em linguagem acessível, dando conta das tensas relações entre o capital e o trabalho. Em outras palavras, destacando, a todo momento, a exploração do trabalhador pelo patrão ou, se ainda quisermos, a tão conhecida teoria da "mais valia" relativa e absoluta, desenvolvida e explicada com rara competência pelo filósofo alemão Karl Marx. O filme *Cinco vezes favela*, como de resto toda a respeitável obra do CPC, ia nessa direção. O filme mostra com muita clareza as injustiças sociais, a má distribuição da riqueza produzida pelo trabalho e, sobretudo, o grande dilema de viver abaixo do que se entende por pobreza e, ao mesmo tempo, precisar manter a dignidade de sobrevivência. Com um projeto muito bem elaborado, o CPC avança ainda mais. Sua produção intitulada *Violão de Rua*, como não poderia ser diferente, trazia textos e canções com temas que procuravam sempre ir ao encontro do que essa instituição entendia por justiça social. Enfim, pode-se dizer que o CPC cobriu grande parte da produção cultural brasileira.

Fazia parte de bem-intencionado projeto promover cursos de filosofia, artes plásticas, artes visuais, cinema, teatro e artes corporais, voltados especialmente para a influência africana. O batuque, o cateretê, o jongo, a capoeira, o samba, entre outros ritmos negros, eram prestigiados no projeto de popularização e politização do povo brasileiro, por meio da da sua cultura popular. Não bastasse isso, o que já era significativo, a UNE interviria diretamente nas articulações políticas, com o apoio de setores governamentais.

Durante três meses, essa entidade viajaria por diversas capitais do país, objetivando ampliar seu contato com trabalhadores dos diversos setores da produção. Com esse trabalho, ampliaria suas bases também entre alunos e professores universitários.

O avanço nessa direção também tinha a participação oficial, como muito bem demonstra o texto de Heloísa Buarque de Hollanda e Marcos A. Gonsalves: "A organização de um amplo movimento cultural didático-conscientizador tomava forma em toda uma série de grupos e pequenas instituições que surgiam vinculadas a governos estaduais, prefeituras ou geradas pelo movimento estudantil. Em Pernambuco, com o apoio do governo de Miguel Arraes, o Movimento de Cultura Popular (MPC) formava núcleos de alfabetização em favelas e bairros pobres. Um novo método, criado por Paulo Freire, causava impacto"[30]. A novidade no processo de alfabetização era muito simples e eficiente. O aprendizado se dava ao mesmo tempo em que o cidadão, ao ser alfabetizado, passaria também a tomar consciência dos problemas da pobreza vivida pelo próprio analfabeto e pelas populações excluídas do processo produtivo. E, mais do que isso, excluído ainda, da riqueza que ele mesmo gerara com o seu trabalho. O método Paulo Freire se tornaria intencionalmente conhecido e aplicado em alguns países da América Latina e África.

A essa altura, já estávamos vivendo o período do governo João Goulart. Jânio Quadros que havia vencido as eleições de outubro de 1960, derrotando Teixeira Lott e Adhemar de Barros com muita facilidade, levaria Goulart consigo para a vice-presidência da República, também eleito por larga margem de votos. Jânio não fez nada. Ficou menos de sete meses na presidência, renunciou e, talvez ao lado do ex-presidente Collor, causou uma das maiores frustrações por que já passou a sociedade brasileira.

---

30. HOLLANDA, Heloísa B. de e GONÇALVES, Marcos A. Op., cit. p. 10.

Pelo pouco tempo que ficou e as coisas que realizou, bem poderia ser chamado de presidente *non sense*. Como diz o historiador Boris Fausto, "Jânio começou a governar de forma desconcertante. Ocupou-se de assuntos desproporcionais à importância do cargo que ocupava, como a proibição do lança-perfume, do biquíni e das brigas de galos"[31].

No plano político, sua breve gestão coincidiu com o projeto Aliança para o Progresso, criado pelo governo norte-americano, cujo objetivo oficial era ajudar os países latino-americanos a realizarem reformas de base em sua economia. Nessa ocasião, Ernesto "Che" Guevara, então chefe da delegação cubana, passaria por Brasília. Jânio Quadros o condecorou com a Ordem do Cruzeiro do Sul, importante insígnia concedida a personalidades estrangeiras. Esse ato demosntrou, quando menos, pouca habilidade política e diplomática. Isto porque os Estados Unidos, principal parceiro econômico do Brasil, haviam rompido recentemente relações diplomáticas com Cuba. Novamente, tomo emprestadas as palavras do professor Boris Fausto para explicar as sutilezas janistas: "Não havia nesse gesto qualquer intenção de demonstrar apoio ao comunismo. Ele simbolizava para o grande público a política externa independente que Jânio começara a pôr em prática, buscando uma terceira via para o Brasil, entre os dois grandes blocos em confronto"[32].

Vivíamos nessa época, o chamado período da guerra fria. Uma luta político-ideológica entre a ex-União das Repúblicas Socialistas Soviéticas (URSS) e os Estados Unidos, mas que, evidentemente, passava também por interesses estratégicos e econômicos de ambas as potências. A idéia de Jânio Quadros de criar uma imagem de independência não se pode dizer que fosse ruim.

---

31. FAUSTO, Boris. *História concisa do Brasil*. São Paulo, Edusp. 2001, p. 241.
32. FAUSTO, Boris. Op. cit., p. 242.

Afinal, isso permitiria ampliar as exportações brasileiras, como já estava fazendo o vice-presidente João Goulart, ao visitar a China e a URSS. A estratégia e a forma abrupta de condecorar Guevara é que foi equivocada. Afrontaria diretamente os Estados Unidos, criando dificuldades políticas e econômicas para o Brasil.

A essa altura, o presidente, que já não tinha uma base de apoio no Congresso suficientemente forte para governar, perderia ainda mais prestígio. Seu partido, a UDN, não era consultada em quase nada pelo presidente. A maioria do Congresso estava com o PSD – Partido Social Democrata e o PTB – Partido Trabalhista Brasileiro. Não bastasse esse quadro politicamente desolador para Jânio, Carlos Lacerda, oportunista como sempre foi, passou para a oposição e começou a destruir ainda mais o apoio ao presidente. Assim, a somatória das decisões polêmicas e incongruências, a política externa independente e o projeto de reforma agrária foram suficientes para que Jânio não suportasse mais o desprestígio no Congresso Nacional e as pressões políticas por que passou.

Em 25 de agosto de 1961, o presidente Jânio Quadros renuncia ao seu mandato. Os verdadeiros motivos dessa renúncia nunca foram efetivamente explicados pelo ex-presidente. A rigor, e com a evidência dos fatos, embora fosse de grande valia ouvi-lo, é bastante provável que ele não tivesse muito a acrescentar, além do que já se sabe. Nenhum presidente, em um país de regime presidencialista, poderá, efetivamente, governar uma nação sem o apoio da maioria no Congresso. E isso Jânio já não tinha mais. Nada mais lhe restava, a não ser recompor sua base de apoio ou renunciar. A recomposição se tornaria uma utopia.

A harmonia e a consonância de propósitos e idéias entre os três poderes é vital para a sobrevivência do sistema presidencialista. Se o Legislativo e o Executivo não estiverem politicamente afinados, a democracia ficará seriamente comprometida. É isso, precisamente, o que vem ocorrendo com o nosso país, ao longo da sua trajetória política. Nossa história é entrecortada, quase como um revezamento, entre períodos de governos autoritários e uma frágil democracia. Nos últimos vinte anos (1985 a 2005) melhorou muito. As instituições democráticas se fortaleceram e, de fato, vivemos em uma democracia que, tudo indica, veio para ficar. Assim, é no contexto político da passagem de Jânio para João Goulart, em momentos democráticos da sociedade brasileira, que surge o CPC, filiado à UNE e com fortes ligações com o PCB.

Se na época do Estado Novo a música popular tinha a função de divulgar o trabalhismo, a ordem e a integração nacional, a partir dos anos 1960 ela ganha nova dimensão. Nessa década, já é possível perceber a presença da indústria cultural no Brasil pela da criação de toda uma infra-estrutura bem organizada para o consumo. Surgem os shopping centers que, pela sua própria organização, representariam o ideário do consumismo. Nesse novo processo de reprodução, a música popular diversifica-se, com o surgimento de gêneros musicais trabalhados por essa indústria cultural. Do mesmo modo que o samba passaria a ser mais conhecido em outras regiões brasileiras, o Sudeste tomaria contato com outros ritmos regionais característicos da nossa cultura musical. Percebemos aqui a estratificação do consumo por gêneros musicais diversos, obedecendo à nova ordem estabelecida pela indústria cultural.

É nesse contexto, nessa nova lógica de mercado que, ironicamente, surgiria o segmento de "esquerda" da música popular brasileira. Poderíamos dizer, uma espécie de ramificação do movimento bossa-nova, mas politizada em seu discurso. Seus postulados básicos procuravam maior identidade não com a indústria cultural, claro, mas com extensões de uma cultura popular. Temas de conteúdo sociopolítico como pobreza, habitação, terra, reforma agrária, desemprego, subemprego, entre tantos outros, estavam sempre na ordem do dia desse novo segmento da nossa música popular.

    Esses jovens artistas que produziam suas canções não tinham apenas objetivos profissionais. Havia propósitos bem-intencionados e tão nobres quanto sua profissão. Eles desejavam a justiça social e, para isso, usavam suas "ferramentas de trabalho". Acreditavam que, pela da canção popular, poderiam colaborar para a criação de uma sociedade mais justa. Para isso, no entanto, era necessário que o povo oprimido tomasse consciência da sua situação social. As populações marginalizadas do processo produtivo, sem qualificação profissional, analfabetas, enfim, vilipendiadas pelo capital, deveriam tomar consciência da sua exploração e lutar contra os impositores da desigualdade social.

    Boa parte desses jovens artistas era proveniente do Centro Popular de Cultura. Estávamos em 1962. O país ainda vivia um período realmente democrático. O direito à palavra, a posicionar-se diante dos acontecimentos sociopolíticos era inviolável. O CPC e seus simpatizantes trabalhavam com o conceito de "cultura participativa", ou "cultura engajada". Deduz-se, portanto, que todas as formas de manifestação cultural serviriam como instrumentos de "conscientização" dos marginalizados da sociedade. E foi isso efetivamente o que aconteceu.

    O CPC investiu pesado em busca de uma empatia especialmente com os baixos estratos da sociedade. Seu trabalho político-ideológico, porém, não chegou aos resultados esperados. Há explicações elementares para isso. Algumas percepções mais sutis, me parece, foram subestimadas, ignoradas ou simplesmente nem pensadas. As ações bem-intencionadas não eram suficientes para traduzir o trabalho em resultados práticos. E nem teria como fazê-lo. Vejamos, então, os obstáculos naturais enfrentados pelo projeto do CPC:

1. A imensa parcela pobre da população, a quem os jovens artistas dirigiam seu discurso político-ideológico, não entendia quase nada do que eles queriam dizer. Estava muito distante de todo um repertório que tratava da exploração nas relações de trabalho, da mais-valia, das injustiças sociais, entre outros aspectos. Transformar teorias assimiladas nos bancos da universidade em discurso empírico a ser apreendido por uma população que passa fome, não é tarefa fácil. Se, por um lado, o bem-intencionado trabalho do CPC mereceu apoio e aplausos, de outra parte, havia uma realidade muito cruel a ser vencida a curtíssimo prazo, do dia para a noite. Essa população lutava e continua lutando para não morrer de inanição. Por mais acessível que tivesse se tornado aquele discurso de "conscientização", de "cultura engajada", como falavam os jovens artistas, ele não tinha a ressonância esperada. A necessidade imediata de sobrevivência física daquele povo desviava as atenções do cérebro para o estômago. Nessa trajetória, o discurso da canção se perdia, e a fome permanecia.

2. Outro obstáculo natural enfrentado pelos jovens do CPC foi mesmo a cultura de classes. Essa é uma questão não menos difícil de resolver, se comparada à primeira. Não é fácil para o jovem artista, cidadão da classe média ou de estratos mais intelectualizados da classe média alta, entender, de um momento para o outro, a pobreza, a fome, a promiscuidade das minúsculas habitações das favelas, dos cortiços, das pontes, dos viadutos, enfim, de toda sorte de situações dos em que a miséria subjuga o ser humano. Não é fácil. Uma coisa é esse jovem contemplar esse terrível quadro e, perplexo, clamar por justiça social e lutar por ela. Outra coisa é a eventual reciprocidade de tudo isso. O cidadão desvalido, desesperançoso, não tem a mesma vitalidade no olhar, não tem a mesma esperança no futuro. Ele vive na escuridão dos esquecidos, onde a sociedade o confinou. Por isso, essa reciprocidade não se dá simplesmente pelo discurso da "conscientização" ou da "cultura engajada", como pretendia o CPC.

Faltou a esse jovem um pouco de teoria para "mergulhar" melhor na prática.

Ironicamente, em 1963, quando o CPC estava em plena atividade, a Livraria Francisco Alves publicava o livro *Quarto de despejo*, de Carolina Maria de Jesus, escrito, na verdade, ainda nos anos 1950. É talvez o mais vigoroso documento para entendermos, não apenas a "cultura da favela", seu cotidiano relatado por quem lá viveu, mas também todo o processo de desintegração social de uma parte da população marginalizada de tudo. Da produção econômica oficial da sociedade, do planejamento e dois projetos do Estado, enfim, das condições minimamente humanas. Por esses aspectos é que *Quarto de despejo* tornou-se um livro-documento fundamental para entendermos a cultura da pobreza, ainda que tenhamos como instrumento de comunicação a música popular, o teatro, o cinema, ou qualquer outra manifestação artística. Aqui, a própria Carolina nos dá uma visão bastante precisa de como os excluídos vêem a si mesmos no contexto social: "Eu classifico São Paulo assim: o palácio é a sala de visita. A prefeitura é a sala de jantar e a cidade é o jardim. E a favela é o quintal onde jogam os lixos"[33].

Pelas ponderações aqui mencionadas é que considero equivocadas as orientações do CPC no importante projeto de fazer justiça social. A convivência em sociedade está organizada por padrões culturais de classe, e isso não se pode ignorar. Ou, ainda como diz o antropólogo Clifford Geertz ao falar da dependência do homem, exatamente dos padrões culturais: "Não dirigido por padrões culturais – sistemas organizados de símbolos significantes – o comportamento do homem seria virtualmente ingovernável, um simples caos de atos sem sentido e de explosões emocionais, e sua experiência não teria praticamente qualquer forma. A cultura, a

---

33. JESUS, Carolina Maria de. *Quarto de despejo*, São Paulo, Francisco Alves, 1963, p. 25.

totalidade acumulada de tais padrões, não é apenas um ornamento da existência humana, mas uma condição essencial para ela – a principal base de sua especialidade."[34]

Se o objetivo do CPC era "produzir conscientização em massa, em escala industrial", como declarou um dos seus criadores, Oduvaldo Vianna Filho deveria ter considerado os aspectos inerentes à cultura da pobreza. A leitura de *Quarto de despejo* quando menos diminuiria a gigantesca distância entre o jovem artista universitário intelectualizado e a pobreza das populações marginalizadas. A experiência vivida, todos sabemos, nem sempre é possível, até por uma questão de cultura de classe, mas deve-se fazer tudo para apreendê-la. Essa seria a melhor forma de se aproximar dos objetivos pretendidos e, ao mesmo tempo, se distanciar da superficialidade. A teoria é fundamental, entre outras coisas, porque o técnico a constrói justamente a partir da observação empírica. Foi o que fez, por exemplo, Richard Hoggart ao estudar a cultura operária na Inglaterra, analisando os hábitos do que ele chamou de "cultura de bar". Em seu trabalho intitulado, *As utilizações da cultura*, a música, a estética, o consumo, os costumes e o comportamento coletivo do operário inglês são minuciosamente discutidos, dando a idéia clara do *ethos* cultural dessa população.

Insisto em *Quarto de despejo*, desta vez para citar um trecho do prefácio do escritor Audálio Dantas. Nesse momento a citação é necessária: "*Quarto de despejo* tem o sentido de uma revolução, em todos os seus aspectos. Primeiro, ele nos mostra uma favela nua, sem samba e sem literatura, como bem disse a escritora Dinah Silveira de Queiroz. É a favela vista de dentro, por quem estava lá dentro e viveu integralmente as suas desgraças; a favela descrita de um angulo inteiramente novo, um retrato de corpo inteiro sem os

---

34. GEERTZ, Clifford. *A interpretação das culturas*, Rio de Janeiro, Zahar Editores, 1978, p. 58.

retoques do academismo cômodo de certos pesquisadores. Em sua revelação terrível de uma área de desintegração social – a favela do Canindé – o livro surge como o protesto inconsciente de todo o povo brasileiro, através da palavra tosca, mas admiravelmente clara, de Carolina Maria de Jesus... O livro clama contra a fome que assalta as barracas do Canindé, que se desdobra em outras favelas, no Rio de Janeiro, em Recife, em Porto Alegre, em Manaus. É o grito dos que, não sendo favelados, de acordo com a concepção acadêmica de favela (aglomerado de casebres de tábuas), vivem sordidamente em cortiços ou porões das grandes cidades ou em miseráveis palhoças do interior"[35].

Os bem-intencionados jovens do CPC estavam muito distantes desse universo miserável. Eles conheciam, sim, a cultura da pobreza, mas apenas pelos livros e bancos da universidade, pelas boas aulas de sociologia urbana, pelo subdesenvolvimento, enfim, pelo discurso culto, tão importante para entendermos o contexto sociopolítico de um país. O conhecimento teórico, em seu sentido mais amplo, abarca tanto a esfera dos fins como dos meios empíricos.

Nesse aspecto, teoria e prática se complementam em suas formas mais elementares e, ao mesmo tempo, indissociáveis. Toda atividade prática (era esse o trabalho do CPC), ou não, requer uma atitude cognitiva. Assim, pode-se dizer que uma atividade prática é objetiva, é real, está materializada no ato que se desenvolve. Pode-se dizer ainda que a estratégia do CPC falhou precisamente no que havia de mais significativo em seu trabalho, isto é, aquilo que Marx em suas *Teses sobre Feuerbach,* chamou de "práxis". Com efeito, era na "práxis política", e mais especificamente na "práxis revolucionária", que se concentrava o grande trabalho dessa entidade.

---

35. DANTAS, Audálio. In: prefácio do livro *Quarto de despejo*, de Carolina Maria de Jesus, São Paulo, Francisco Alves, 1963, p. 25.

Afinal, como preconiza a própria concepção de "práxis revolucionária", a mudança e as transformações práticas da sociedade, terão o proletariado como principal agente transformador. Isso seria realizado por meio de uma luta consciente, bem organizada, o que pressupõe a presença de um partido político trabalhando com os adeptos dessa causa, aquilo que a teoria marxista chama de consciência de classe. Foi aqui que o CPC "derrapou".

Não houve organização suficiente para uma ação objetiva que superasse a crítica social meramente teórica. Em outros termos, não aconteceu a conjunção entre teoria e prática, entre outras coisas, como já afirmamos, porque os jovens não conheciam o universo das populações marginalizadas. A estratégia, insisto, foi equivocada. Os jovens do CPC partiram de uma premissa, no mínimo duvidosa: sua melhor formação intelectual, se comparada com a população com que iriam trabalhar. Um registro feito na apresentação do disco *O povo canta*, editado pela UNE/CPC, com canções de conteúdo essencialmente político-ideológico, dá uma idéia do que estou querendo mostrar. Entre os objetivos dessa entidade destaca-se atribuir "o sentido comum da música popular, dos problemas puramente individuais para um âmbito geral: o compositor se faz o intérprete esclarecido dos sentimentos populares, induzindo-o a perceber as causas de muitas das dificuldades com que se debate"[36].

"Algumas coisas interessantes refletem o texto anterior. O primeiro implica a intenção de dar à canção popular um caráter mais universal e menos particularizante. De fato, como diz o filósofo alemão Theodor Adorno, a obra que apresenta seu discurso de forma particularizante, prendendo-se somente à "expressão de motivações e nas experiências individuais"[37], permanece circunscrita a um caso isolado, sem função social propriamente dita. De outra parte, a poesia,

---

36. TINHORÃO, José Ramos. *Pequena história da música popular*, São Paulo, Art Editora, p. 238.
37. ADORNO, Theodor W. Conferência sobre lírica e sociedade. In: *Os pensadores*, São Paulo, Abril, 1975, v. XLVIII, p. 201.

a canção ou qualquer obra cujo conteúdo seja mais abrangente, isto é, não trate de questões individuais, "adquire participação no universal"[38].

A proposta do CPC, com a qual conclamamos até aqui, tem méritos justamente por tentar dar à canção popular não só uma função lúdica, mas também algo que seja inerente à existência humana. Os dramas, a alegria, a tristeza, o prazer, enfim, algo que seja universal, e não particular, de experiências apenas individuais. A canção popular, aliás, talvez seja mesmo a melhor manifestação artística para se expressar um sentimento universal. Ela possui dois elementos combinados de forte impacto e sedução: o texto poético e a harmonia musical. Quando bem trabalhados, é inegável que transcende seu caráter meramente lúdico, para transformar-se verdadeiramente em arte.

Aí, sim, sua função social ou até mesmo sociopolítica estaria a serviço da sociedade como um todo, e não apenas de casos individuais. É nesse momento, ainda, que a canção popular adquire mesmo um caráter mais revolucionário, no sentido de introduzir inovações, de se distanciar da mesmice e das fórmulas consagradas do sucesso efêmero. Aliás, o que diferencia a obra de arte da mercadoria de consumo ligeiro é justamente o seguinte: a primeira leva a reflexões, a segunda só exige dinheiro para comparar, nada mais. Em outras palavras, como diz o filósofo Ernst Fischer, "a função da arte não é a de passar por portas abertas, mas a de abrir portas fechadas"[39].

De outra parte, o CPC possuía uma diretriz político-ideológica que, em minha opinião, mesclava, em certos momentos, o paternalismo e a soberba intelectual. É bastante provável que jovens politicamente esclarecidos não tivessem essa intenção, mas

---

38. ADORNO, Theodor W. Op. cit, p. 201.
39. FISCHER, Ernst. A necessidade da arte. Rio de Janeiro, Zahar, 1999, p. 238.

agiam como se assim o desejassem. Assumiam para si a posição de porta-vozes do povo. Algo assim como dizia Ezra Pound: "O artista é a antena da raça"[40]. Antes de o cidadão da grande massa perceber os acontecimentos, o artista, com sua sensibilidade e fina percepção, se antecipa e traz à tona o que a sociedade só captaria mais tarde. Essa afirmação do grande poeta inglês não é assim tão inflexível, e muito menos imutável. Nem sempre e em todos os momentos o artista é, de fato, a "antena da raça". Se em questões de inovação e de revolução estética isso possa ser verdadeiro, o mesmo, seguramente, não se aplica aos sentimentos humanos em política. Ora, se o artista possui uma obra esteticamente revolucionária, não significa que seus princípios em política sejam, necessariamente, revolucionários. A história está repleta de exemplos mostrando que não é assim.

As diretrizes político-ideológicas traçadas pelo CPC partiam do pressuposto de que esta entidade sabia precisamente o que o povo desejava. A canção popular e outros segmentos da arte e da cultura estariam a serviço do povo para expor a exploração a que estava diariamente submetido pelo capital. A pobreza, o desemprego e o subdesenvolvimento do país eram conseqüência de uma política equivocada por parte do Estado. No decorrer do tempo, porém, todo o legítimo e nobre esforço do CPC foi esmaecendo. Na canção popular, por exemplo, o discurso culto e bem preparado dos jovens estudantes começava a distanciar-se do povo, e vice-versa.

Mesmo assim, se, por um lado, o trabalho de politização (eles preferiam o termo "conscientização") que pretendia essa entidade não atingiu os objetivos desejados pelos motivos já comentados, teve repercussão bem mais forte exatamente junto à classe média. Foram muitas as canções, peças de teatro, literatura, cinema (o cinema novo), enfim, diversas manifestações artísticas e culturais que se tronariam

---

40. POUND, Ezra. *ABC da literatura*. São Paulo, Cultrix, 1973, p. 116.

o centro dos debates nos anos 1960. É de todo esse movimento, por assim dizer, que surge a expressão "canção de protesto".

Se o trabalho não serviu como conscientização junto ao povo trabalhador e desempregado, ele teve a função de instrumento de denúncia da miséria e da injustiça social em nosso país. De qualquer modo, os efeitos práticos, objetivos foram quase nulos, se é que não o foram inteiramente. De lá para cá, muito pouca coisa mudou, especialmente no nosso quadro socioeconômico. Os problemas permanecem, e seria muito bom se pudéssemos falar que eles foram pelo menos, minimizados. Mas não foram. Desde a canção de Sérgio Ricardo intitulada *Zelão*, de fins de 1960, até nossos dias, a música popular brasileira, em sua versão bossa nova, vem fazendo seu canto-denúncia sobre a pobreza, a miséria e a vida dos morros e favelas. Para nossos dias e passados quarenta e cinco anos, o texto poético de *Zelão* chega a ser pueril. A violência urbana, o crime organizado, as drogas e os seqüestros ainda não faziam parte efetiva do universo dessas populações marginalizadas. Ou, se faziam, não se falava sobre isso. Do jogo do bicho, sim. Lá, como cá, as autorioridades políticas continuam inertes diante da situação. Ou por incompetência e omissão, ou ainda por conveniência política. Talvez por isso possamos até mesmo ter uma visão romanticamente enganosa das dores e agruras da vida nas favelas dessa época. Vejamos a letra de *Zelão*:

> Todo morro entendeu
> Quando o Zelão chorou
> Ninguém riu nem brincou
> E era carnaval
> No fogo de um barracão
> Só se cozinha ilusão
> Restos que a feira deixou
> E ainda é pouco só
> Mas assim mesmo Zelão
> Dizia sempre a sorrir

Que um pobre ajuda outro pobre
Até melhorar
Choveu, choveu
A chuva jogou seu barraco no chão
Nem foi possível salvar violão
Que acompanhou morro abaixo a canção
Das coisas todas que a chuva levou
Pedaços tristes do teu coração.

A bossa-nova, que havia surgido no governo Juscelino como um movimento de mudanças estético-musicais, agora com João Goulart, como vemos, ganha seu segmento politizado. A cultura engajada leva a canção de protesto, o teatro, a literatura política e as artes plásticas até as favelas e as portas de fábricas. A peça de Oduvaldo Viana Filho (Vianhinha), *A mais-valia vai acabar, seu Edgar*, colocava os problemas do trabalho e de classes sociais (a luta de classes) tendo como pano de fundo, claro, a exploração do trabalhador pelo capital. Já *Arena canta Zumbi*, de Edu Lobo e Gianfrancesco Guarnieri, abandonava a luta dos negros pela liberdade em Quilombo dos Palmares. O tema servia ainda como uma espécie de metáfora, para falar da luta do oprimido contra o opressor.

Aliás, grande parte da produção cultural em nosso país, nessa época, tratava das relações oprimido/opressor. Era uma época em que, até 1964 a sociedade ainda tinha liberdade para manifestar-se politicamente. A esquerda brasileira, sempre convicta de suas posições e fiel aos seus princípios ideológicos, liderava a luta por justiça social, contra a presença do capital estrangeiro, entre outras coisas.

O momento político que vivia a sociedade brasileira era propício para as reivindicações dos bem-intencionados jovens do CPC. O direito à palavra ainda não havia sido cassado. Mas João Goulart, embora politicamente frágil, permanecia no poder. Os militares, como sempre enxeridos, já olhavam sobre os muros da caserna, mal intencionados, prontos para dar o bote, ou melhor, o golpe.

Nas universidades, discutia-se muito sobre teorias do subdesenvolvimento em acirradas reuniões, eventos, simpósios e congressos. Gunnar Myrdal, Luiz Pereira, Fernando Henrique Cardoso, Aníbal Quijano, entre outros, eram os teóricos mais lidos e discutidos sobre os chamados países do "terceiro mundo". Nesse momento, cresceria muito o interesse pelas ciências sociais em nosso país. Em toda a América Latina, mas especialmente no Brasil, Argentina e Chile, os estudos das ciências sociais ganhariam ímpeto ainda maior, em razão de dois aspectos significativos. O primeiro, no caso brasileiro, em função da condição de país subdesenvolvido e todas as implicações a ela inerentes. Em face desse quadro, a presença do modelo marxista de sociedade já não era uma questão apenas virtual. Todo o clima político brasileiro, mas latino-americano também, estimulava a esse desafio. Ao lado de toda essa efervescência política e intelectual, Fernando Henrique Cardoso e Enzo Falleto, elaboraram um sofisticado estudo sobre as relações entre os chamados países periféricos e países hegemônicos. Esse trabalho ficaria conhecido pelo nome de Teoria da dependência[41] e dava tintas mais fortes às desigualdades do chamado "primeiro mundo" e do "terceiro mundo".

41.Sobre a Teoria da dependência, consultar a obra de Fernando Henrique Cardoso e de Enzo Faletto.

Claudio Tozzi

VI
O definhamento da democracia

No plano político, a renúncia do presidente Jânio Quadros foi um verdadeiro desastre para a democracia do país. De acordo com a Constituição, não havia dúvida, deveria assumir a presidência da República o vice-presidente João Goulart. Começa aqui, precisamente, o retrocesso democrático que teríamos a enfrentar. Enxeridos, como já disse antes, os ministros militares do agora ex-presidente Jânio Quadros tentavam impedir a volta de João Goulart ao Brasil. Ele estava em visita oficial à URSS e China, procurando consolidar a política independente tão desejada por Jânio. A divisão interna entre os próprios militares traria Jango ao país. Mesmo assim, o grupo favorável ao impedimento ainda tentou explodir o avião onde estava Jango, vindo de Montevideu para o Brasil. Esse atentado ficou conhecido como "operação mosquito". Ele só não se concretizou porque o general Ernesto Geisel o descobriu a tempo de desarticulá-lo.

Mas a posse de João Goulart se deu em condições especiais em 7 de setembro de 1961. A forma de conciliá-la com as forças que a ela resistiam foi trocar o sistema presidencialista pelo parlamentarismo. Com isso, Jango tinha seu poder político bem diminuído. O primeiro-ministro foi Tancredo Neves. Ele já havia sido ministro da Justiça de Getúlio Vargas em 1954. Por não acreditar no sucesso político do parlamentarismo, Tancredo Neves se demitiu em junho de 1962. Mais tarde, em janeiro de 1963, 9,5 milhões de eleitores, de um total de 12,3 milhões, disseram "não" ao parlamentarismo. Assim, o Brasil voltaria ao sistema presidencialista ainda com Goulart. Eram dois os motivos contra a posse do vice-presidente. O primeiro, a grande possibilidade de o Brasil transformar-se em uma república sindicalista. O segundo, por decorrência, pensavam os militares que eram contra: esse seria o caminho mais curto para os comunistas chegarem ao poder.

A bem da verdade, o presidente João Goulart recebeu um país dividido por interesses dos mais diversos grupos políticos. Nenhum deles, no entanto, contemplava, em seus projetos, o bem-estar da sociedade brasileira. Houve nítido avanço dos movimentos sociais das mais diversas origens. O movimento rural das Ligas Camponesas, liderado pelo político pernambucano, Francisco Julião, foi um dos mais atuantes. A Igreja Católica cindiu-se politicamente, apresentando opções para todos os gostos, isto é, transitando do ultraconservadorismo ao radicalismo extremo de esquerda. Foi o caso, por exemplo, dos jovens católicos que fundaram em 1962, a AP – Ação Popular. Como em nossos dias, também naquela época não havia homogeneidade interna nos partidos políticos.

Durante o governo de Jango, as cisões aumentariam ainda mais, agora especialmente no plano ideológico mesmo. Começariam a se formar os chamados grupos nacionalistas, os de esquerda e, aproveitando talvez o balanço musical que vivia o país (apesar de tudo), surgiria o grupo Bossa Nova da UDN. Ele apoiava os projetos financeiros de Jango e as importantes reformas estruturais por que deveria passar o país. O Bossa Nova, porém, era uma pequena dissidência da UDN. A maioria desse partido apoiava os militares que não gostavam do presidente. Eles ajudariam a criar a ADP – Ação Democrática Parlamentar, organização ultraconservadora, cuja função política objetiva era mesmo conspirar contra o governo.

Os resultados das eleições para o Congresso Nacional e os governos de Estado foram uma espécie de recado a João Goulart. As forças da direita e do centro estavam cada vez mais fortes e atuantes. As vitórias de Adhemar de Barros, em São Paulo, e de Ildo Meneghetti, candidato apoiado por UDN e PSD, preocupavam o governo. Até porque, Carlos Lacerda, eterno conspirador, e Magalhães Pinto já haviam sido eleitos em 1960, governadores da Guanabara e de Minas Gerais, respectivamente. A essa altura, os Estados de maior peso político do país não tinham simpatia pelo governo federal, pelo menos na pessoa dos seus governadores. Jango tentava administrar um quadro político muito difícil. Diria mesmo desolador. Sua força política se tornaria ainda mais fraca e limitada. No plano econômico, a situação era igualmente preocupante. Como em nossos dias, os problemas passavam pelo desemprego, baixo crescimento da economia, baixa produtividade e uma moeda em franca desvalorização que, em outros termos, implicava especialmente o baixo poder de consumo da população. O processo inflacionário, herança do governo Kubitschek, acelerava seu ritmo rapidamente, e o dólar atingia cotações assustadoras. Em apenas um ano e meio de setembro de 1960 a março de 1962, a inflação iria de 26,3% para 54,8%. A sociedade vivia uma desesperança precoce com o governo de João Goulart que, para fazer justiça ao seu desempenho como presidente, exauriu todas as possibilidades de melhorar o país. As forças contrárias a Jango, a luta político-ideológica, os interesses escusos de grupos dentro do Congresso Nacional e as conspirações sistemáticas minaram seu governo. Na caserna, aumentaria ainda mais o clima conspiratório, com a criação de uma possível "intervenção defensiva". Mera retórica persuasiva, função fática da linguagem, apenas para justificar o golpe militar que, na verdade, já estava sendo preparado. E aqui, novamente a sensibilidade política e artística de Juca Chaves vaticinou os acontecimentos. Em novembro de 1962, a irreverência poética do compositor manda recados ao presidente João Goulart, em fictícia conversa com a primeira dama, Maria Tereza Goulart. Vejamos o texto:

Dona Maria Tereza
Diga a seu Jango Goulart
Que a vida está uma tristeza
Que a fome está de amargar
Que o povo necessitado
Precisa um salário novo
Mais baixo pro deputado
Mais alto pro nosso povo
Dona Maria Tereza
Assim o Brasil vai pra trás
Quem deve falar, fala pouco
Lacerda já fala demais
Enquanto o feijão dá sumiço
E o dólar se perde de vista
O globo diz que tudo isso
É culpa de comunista
Dona Maria Tereza
Diga a seu Jango porque
O povo vê quase tudo
Só o Parlamento não vê
Dona Maria Tereza
Diga a seu Jango Goulart
Lugar de feijão é na mesa
Lacerda é noutro lugar.

Interessante notar que a canção de Juca Chaves foi feita em ritmo de valsa. Algo assim, como se fosse um prenúncio de que Jango realmente iria "dançar". Mas os outros registros em seu texto poético dão conta da magnitude da crise por que passava nosso país. Expressões como, "a vida está uma tristeza", "a fome está de amargar", "o povo necessitado", "enquanto o feijão dá sumiço", refletem a desesperança e o alto grau de baixa estima de grande parcela da população naquele momento. É o presidente, de sua parte, vivendo a angústia da impotência política, de nada poder fazer, senão renunciar. Isso seria ainda mais traumático e devastador para nossa debilitada democracia e ele tinha consciência disso.

Ainda que encalacrado, acuado, vilipendiado pelos adversários políticos, resistiu até o momento de evitar derramamento de sangue. As forças que lhe eram favoráveis queriam seu aval para resistir ao golpe do dia 31 de março de 1964. Com rara elegância e lucidez, Jango não concordou com a resistência ao golpe. Fato incomum entre os políticos, que se apegam ao poder como o sanguessuga se agarra na pele de um animal.

De outra parte, Carlos Lacerda, conspirador contumaz, é duplamente citado por Juca Chaves em momentos diferentes. No primeiro, *Lacerda já fala demais*, toca o dedo na ferida da personalidade de um homem extremamente oportunista no que o termo tem de mais negativo. Boquirroto, falastrão, seu estilo pérfido de fazer política atrasou a vida do país. Sempre visando aos interesses pessoais e jamais aos da coletividade, estava disposto a conspirar ou a fazer composições políticas, desde que auferisse vantagens como resultado final. Em um segundo momento, quando diz que "lugar de feijão é na mesa, Lacerda é noutro lugar", a insinuação vai ao encontro do desejo de boa parte da sociedade brasileira na época. Pela forma leviana e irresponsável como fazia política, o compositor Juca Chaves nos leva a intuir que o lugar de Lacerda não era na política, e sim na prisão.

De resto, a canção mostra certa irresponsabilidade da imprensa ("*O Globo* diz que tudo isso é culpa de comunista") ao atribuir aos comunistas o difícil momento político por que passava o país. Ora, não era assim. Os comunistas não eram nem mais nem menos responsáveis do que todas as traições dos políticos, dos militares e de empresários interessados na deposição de João Goulart.

Em junho de 2005, o senador Pedro Simon deu entrevista ao jornalista Boris Casoy sobre a delicada situação que vivia o governo Lula em sua base de sustentação no Congresso Nacional. Ao comparar o governo Goulart com o do presidente Lula, o senador Simon acrescentou: "O Lula só precisa trocar alguns dos seus assessores. Na época do Goulart não, era diferente, a UDN queria mesmo era derrotar, humilhar, esmagar o Goulart". O que impressiona é a insensatez dos políticos no tratamento com a sociedade e a coisa pública como um todo. Desde os tempos da UDN e das sátiras de Juca Chaves, nada, ou quase nada, mudou nesse sentido, até nossos dias.

Na época de João Goulart, quando nossa democracia vivia anêmica, casos de comprovada corrupção como os de Waldomiro Diniz, Romero Jucá, Delúbio Soares e Roberto Jefferson, por exemplo, seriam suficientes para derrubar um presidente. Hoje não, a democracia tem bases mais sólidas, o país é, de fato, mais democrático e as instituições políticas, eu diria, mais maduras e responsáveis. Mesmo assim, perdura um problema muito grave e que exige urgente solução: o aprimoramento das nossas leis e da justiça, para não premiar a impunidade. É necessário ainda, em regime de urgência, uma reforma política que equacione melhor as relações entre os três poderes do sistema presidencialista, dos partidos políticos com o governo e dos próprios partidos entre si.

O parlamentarismo, nos tempos de João Goulart, mostrou-se ineficiente, mas aqui cabe uma ressalva obrigatória. A insuficiência não teria sido propriamente desse sistema de governo. Os problemas foram causados, isto sim, pelas mazelas e maracutaias tão rotineiras na política brasileira. A displicência e o desinteresse com que os políticos, depois de eleitos, tratam dos problemas da sociedade, é registrado na sátira de Juca Chaves. No texto, ele diz:

> Dona Maria Tereza
> Diga a seu Jango porque
> O povo vê quase tudo
> Só o parlamento não vê

O autor fez essa canção em 1962, e o parlamentarismo no Brasil vigorou de setembro de 1961 a janeiro de 1963. A contraposição do povo que vê quase tudo, com o Parlamento que nada vê, mudou no decorrer do tempo, mas apenas em parte. A sociedade brasileira politizou-se um pouco mais, especialmente de 1985 para cá, com o fim dos governos militares. Ela está mais reivindicativa e com a noção mais apurada de seus direitos e, em alguns momentos, de seu próprio papel político na história do país. Já nossos políticos, com algumas exceções, nada, ou quase nada evoluíram nessa direção. As mesmas mazelas e maracutaias do tempo do parlamentarismo são repetidas hoje, apenas (em alguns casos) com algumas sofisticações decorrentes dos recursos que oferece a nossa contemporaneidade.

Em sua época, João Goulart recebeu pressões até mesmo dos seus aliados. Grupos mais radicais que o apoiavam pediam o rompimento de relações com os Estados Unidos, que chamavam de país imperialista. As reformas sociais, projeto do presidente, estavam demorando para sair. A ala mais radical do PTB, seu partido, pressionava-o sem perceber que a situação política não permitia audácia de ações naquele momento. Até a moratória da dívida externa foi cogitada.

Todo o tempo em que ficou na presidência da República, João Goulart teve de governar fazendo articulações, o que é natural nas democracias, mas sempre em posições defensivas.

Quando tornou pública a reforma urbana que seu governo pretendia realizar, a concessão de votos aos soldados, a analfabetos e as alterações em impostos, sua situação como presidente tornar-se-ia ainda mais ameaçada. Setores da classe média na cidade de São Paulo se organizaram, pretensamente para defender seu patrimônio. Esse era o grande álibi, mas o real motivo estava com as forças reacionárias que não desejavam a democracia.

Nesse momento, sob a liderança da organização católica ultraconservadora, TFP – Tradição, Família e Propriedade e a participação da Liga das Senhoras Católicas, organiza-se uma grande passeata, cujo mote foi, sem dúvida, muito bem pensado. Chamava-se

Marcha da Família com Deus pela Liberdade. A Força Pública (polícia militar da época) calculou que teriam participado aproximadamente 600 mil pessoas. Realizada em 19 de março de 1964, essa passeata significava que havia certo respaldo aos adversários golpistas por parte de alguns segmentos da sociedade.

As palavras "Deus", "Família" e "Liberdade" não compõem o título da marcha ou da passeata aleatoriamente. Elas separadas ou juntas, têm um apelo persuasivo muito forte, especialmente (mas não só) para a população católica. Foi uma estratégia de marketing muito bem feita para a época, mas também o seria em nossos dias. Quem não gostaria de se acompanhar de Deus em uma passeata ou em qualquer outra situação? Partindo de setores da Igreja Católica, o convite ganha ainda mais credibilidade. Afinal, quem convidou foram pessoas estreitamente ligadas à casa de Deus, portanto, uma deferência a mais e que aumentava o compromisso de participar da marcha.

Já a palavra "Família" encerra outras conotações. A sutileza, entre outras coisas, está no conceito de harmonia, união e solidariedade que todo cidadão tem (as exceções existem) do ambiente familiar.

O "*ethos* cultural" de uma sociedade está todo alicerçado no conceito de família. Assim, sempre que possível, se estreitam os laços familiares, reforçando a harmonia, a união e a solidariedade. Não por acaso, o teórico Louis Althusser[42] incluiu a família, entre os aparelhos ideológicos do Estado, comportando-se exatamente como estabelecem os usos, hábitos, costumes, tradições e leis criadas para melhor organização social e política do Estado. Por tudo isso, a família é uma instituição de múltiplas funções. No plano psicológico e emocional, tem a forte função agregadora dos seus membros. Já no

---

42.ALTHUSSER, Louis. *Ideologia e aparelhos ideológicos de Estado*. Lisboa, Presença, 1996, p. 54.

plano político, além de ser um aparelho ideológico do Estado, ela pode ser também manipulada por outras instituições como a Igreja, partidos políticos, entre outras. No caso específico da Marcha da Família com Deus pela Liberdade, a manipulação foi da TFP – Tradição, Família e Propriedade e da Liga das Senhoras Católicas. Ainda que de forma indireta, registra-se a presença da Igreja Católica.

Sobre a palavra "Liberdade" não há muito o que falar, a não ser dizer que ela é tão importante quanto comer, beber, dormir e respirar. Sem liberdade um homem morre, outros preferem se suicidar. Há um provérbio alemão que, apesar de tudo, alimenta o forte instinto de sobrevivência à procura da liberdade: *"Die Gedanken sind frei"*. A tradução: "Os pensamentos são livres". No contexto político brasileiro daquela época, porém, essa palavra ganhou uma conotação ideológica sinistra. A luta pela liberdade proposta pelos organizadores da Marcha, na verdade, estava indo de encontro à falta de liberdade que os militares imporiam ao país, a partir da queda de João Goulart. Uma brutal contradição a que foi submetida aquela parcela da população paulistana que, bem-intencionada, serviu de "inocente util" para uma grande presepada política.

Visualmente, a Marcha assemelhava-se muito a um show de rua. Na linha de frente, políticos, religiosos vestidos com todos os seus paramentos litúrgicos e carolas. Todos eles portando no pescoço um crucifixo que se tornaria o símbolo da Marcha. Como de hábito, muitas faixas de diversas entidades registrando sua presença. Outras, porém, muito agressivas e alusivas ao presidente João Goulart e ao seu governo. Realizada no centro velho de São Paulo, com o apoio do governador Ademar de Barros, a Marcha teve sua grande concentração na Praça da Sé. Canções litúrgicas eram entoadas por seus participantes, entremeadas com palavras de ordem contra o governo Goulart, a carestia, o desemprego e o comunismo. O clima da Marcha oscilava entre um acontecimento religioso e um evento secularizado.

Nessa época o radinho de pilha da marca Spica, transistorizado, era o grande ícone de consumo. Transitar com ele pelas ruas da cidade dava status, passava a imagem de pessoa chique e de gosto requintado. Pensando bem, ao lado do natural desejo de ouvir música enquanto se caminhava, algo tecnologicamente revolucionário para a época, havia ainda algo de ostentatório, de chique. É quase inconcebível imaginar essa cena em nossos dias, mas, naquela época, milhares de pessoas acompanharam a Marcha com seu Spica colado ao ouvido.

A passeata em São Paulo foi um acontecimento contundente e de grande repercussão política. Depois dela, pairou no ar um clima de insegurança, desconfiança e a iminência de golpe político contra o governo. A essa altura, já era tarde para Jango tentar reverter a situação e defender a democracia. Seu discurso no Rio de Janeiro, na assembléia dos sargentos, resultou inútil. O golpe contra o governo já estava pronto, faltava apenas a ordem para iniciá-lo. Em 31 de março de 1964, as tropas do general Olímpio Mourão Filho, com o apoio do governador mineiro, Magalhães Pinto, marchavam em direção ao Rio de Janeiro. Jango já não tinha mais o que fazer, senão entregar o cargo de presidente aos líderes do golpe.

As palavras do historiador Boris Fausto elucidam muito bem seu gesto de grandeza e os momentos de angústia que antecederam sua deposição: "A primeiro de abril, Goulart voou para Brasília e evitou qualquer ação que pudesse resultar em derramamento de sangue. As tropas do II Exército, sob o comando do general Amaury Kruel, que se deslocavam de São Paulo em direção ao Rio de Janeiro, confraternizaram-se com as do I Exército. Na noite de 1º de abril, quando Goulart rumara de Brasília para Porto Alegre, o presidente do Senado declarou vago o cargo de presidente da República. Assumiu o cargo, na linha constitucional, o presidente da Câmara dos Deputados Ranieri Mazzilli. Mas o poder já não estava nas mãos dos civis e sim dos comandantes militares"[43].

Obrigado a abandonar o país, João Goulart exilou-se com a família em sua fazenda no Uruguai, na esperança de poder voltar ao Brasil. Isso não aconteceu. Ele morre em 1976, vítima de um infarto fulminante. Seu corpo, por orientação de sua mulher, Maria Tereza Goulart, foi trasladado e sepultado no cemitério de São Borja, onde também está Getúlio Vargas. O filme do cineasta Silvio Tendler, *Jango*, de 1998, é um dos melhores documentos sobre a trajetória política do ex-presidente. Aliás, é um pouco mais. Ele dá conta de todo o panorama político brasileiro, desde o suicídio de Getulio Vargas até o golpe militar de 1964.

---

43. FAUSTO, Boris. Op. cit., p. 255.

Claudio Tozzi

VII
A volta da caserna

Que os militares sempre tiveram ativa participação política no Brasil não é novidade. Só que agora, com o golpe contra o presidente Goulart, eles assumiram integralmente o poder, sem necessidade de eleições presidenciais. Em outros termos, teríamos vinte e um anos anos de governos autoritários (1964 a 1985) comandados por generais na presidência da República. Mesmo assim, a luta pela liberdade de expressão, pela democracia e pelos direitos constitucionais do cidadão passaria, a partir de então, a ser mais intensa. Era necessário trabalhar no sentido de redemocratizar o país e, ao mesmo tempo, sair do retrocesso político.

Os jovens integrantes do CPC não se intimidaram com os generais. É claro que os militares acabariam com essa entidade, mas seus membros continuariam a produzir, sob certos riscos, é verdade, trabalhos de "conscientização" popular. Assim é que, Paulo Pontes, Oduvaldo Vianna e Armando Costa conceberam, em dezembro de 1964, o show musical *Opinião*. Este trabalho ficou vinculado, na história da música popular brasileira, à imagem dos cantores e compositores João do Vale, Zé Kéti e Nara Leão. Foi um musical que atravessou o tempo e tornou-se realmente um dos momentos mais significativos da cultura musical brasileira após a tomada do poder pelos militares. A contestação e a denúncia sobre as mazelas da sociedade brasileira estavam presentes, apesar do perigo.

Para que se tenha idéia da presença ideológica da linha do CPC, basta ver, por exemplo, o texto de apresentação de *Opinião* escrito por Vianinha. Para ele e seus colegas, a "música popular é tanto mais expressiva quanto mais se alia ao povo na captação de novos sentimentos e valores necessários para a evolução social, quando mantém vivas as tradições de unidade e integração nacionais". O texto, ainda que bem-intencionado, continua refletindo o caráter utópico e até romântico defendido pelo CPC. Não cabe nem maiores comentários de minha parte. Eu estaria me repetindo sobre o que já falei anteriormente dessa entidade.

De outra parte, é preciso entender que o contexto político do país já era outro inteiramente diferente. Não existia mais a democracia dos tempos de João Goulart. Estávamos em dezembro de 1964, e os militares reinavam soberanos. O show *Opinião*, ao contrário de outras manifestações artísticas e por motivos óbvios, não seria apresentado na periferia nem nas portas de fábricas. O discurso era o mesmo, mas o público era outro, porque o palco do acontecimento era Copacabana, bairro da alta classe média carioca. Essa mudança de local não tirou a força pretendida por seus idealizadores. A conotação política permanecia, mas agora com respaldo de um segmento mais intelectualizado da classe média. E, mais do que isso, com um público muito simpático às propostas ideológicas do *Opinião*.

Até porque, com o golpe militar, esse mesmo segmento passaria a ter uma espécie de cumplicidade com o movimento dos jovens do CPC. Aproveito para registrar que não foram só os intelectuais, mas também outros setores da sociedade brasileira. O nome *Opinião*, que deu origem ao musical, foi retirado da canção do compositor Zé Keti. O texto poético, originalmente gravado por Nara leão, tem diversas outras gravações:

Opinião

Podem me prender
Podem me bater
Podem até deixar-me sem comer
Que eu não mudo de opinião
Daqui do morro eu não saio não
Daqui do morro eu não saio não
Se não tem água eu furo um poço
Se não tem carne
Eu compro um osso e ponho na sopa
Oi deixa andar, deixa andar...
Fale de mim quem quiser falar
Aqui eu não pago aluguel
Se eu morrer amanhã seu doutor
Estou pertinho do céu.

Ao contrário de diversas canções dessa época, *Opinião* não tem uma conotação sociopolítica marcadamente forte ou contestatória. A narrativa poética mostra um habitante do morro convicto e determinado a nele permanecer. E, mais do que isso, disposto ainda a superar todas as dificuldades que surgirem para consolidar seu desejo e opinião. Percebe-se certa resignação e consolo. Mesmo faltando água e comida não tem importância, "deixa andar, deixa andar". O poço e o osso na sopa já resolvem o problema.

A escolha do nome *Opinião*, porém, tem um sentido notoriamente político e de resistência. Tem também a mesma determinação do habitante do morro que de lá não sairá sob qualquer argumento. Em outros termos, *Opinião* dá a clara idéia das convicções do grupo sobre o trabalho que estava fazendo para além do espetáculo musical. Ou seja, a música, como de resto todas as formas de manifestação artística, além de seu sentido lúdico e estético, tem ainda importante função de alertar a sociedade para seus problemas.

Se, por um lado, o projeto do CPC já se mostrava historicamente superado[44], de outra parte, mesmo que os militares não tivessem decretado seu fim com o golpe de 1964, ele não teria vida muito mais longa. Se esvairia por sua própria contradição interna, isto é, pela utopia da sua orientação político-ideológica radical ou, como disse Leandro Konder, "um negócio meio aterrador". Uma coisa é o que proclama a teoria marxista da luta de classes, outra coisa é a realidade empírica dos fatos[45].

De qualquer modo, o trabalho do CPC foi inegavelmente importante naquele contexto histórico. Ele lançou as bases para uma discussão nacional sobre a produção e a função da cultura em nosso país, transcendendo os conceitos até então existentes. Em face de suas propostas inovadoras e apesar de formalmente extinto em 1964, um novo tipo de público passaria a incorporar aquelas idéias, mas agora muito mais brandas, sem perder a essência político-ideológica. Os jovens de certos segmentos da classe média, parte da nossa intelectualidade, jornalistas e artistas, entre outras categorias profissionais, aderiram ao grande movimento de resistência política ao autoritarismo militar. É bem verdade que agora havia algo muito precioso a recuperar.

---

44. Os postulados político-ideológicos do CPC não eram unanimidade nem entre seus próprios membros. O documento que originou sua criação e orientação ideológica, Anteprojeto do Manifesto do CPC, elaborado pelo sociólogo Carlos Estevam Martins, seu primeiro diretor, recebeu muitas críticas e, aos poucos, foi abrandando o radicalismo inicial. O depoimento de Leandro Konder, a Marcelo Ridenti está registrado no livro deste professor, *Em busca do povo brasileiro*: "O CPC nasceu muito sectário. O documento programático, de autoria do Carlos Estevam Martins, era um negócio meio aterrador, aquela divisão de arte popular, arte para o povo, arte popular revolucionária, sendo que só a arte popular revolucionária era boa, as outras duas eram alienadas. Em achei aquilo um horror. Posteriormente, o CPC na prática foi retificando a linha, mas eu fiquei sempre preso àquela primeira imagem" (p. 76).

45. A obra de Claude Prèvost, *Literatura, política e ideologia*, Lisboa, Moraes Editores, 1986, é especialmente esclarecedora nesse aspecto. Mas pode-se consultar ainda o clássico trabalho de Adolfo Sanchez Vasquez, *Filosofia da práxis*, Rio, Paz e Terra, 1987.

A democracia nos havia sido subtraída, e os militares, com razão, a meu ver, eram os únicos responsáveis por essa tragédia. A utopia do projeto político-cultural pré-1964 já não mobilizava a classe operária. A alternativa era mesmo sensibilizar aquele segmento formador de opiniões. Este, sim, poderia reproduzir junto à sociedade as idéias de resistência aos desmandos políticos do autoritarismo militar.

Os objetivos tornaram-se, em face das circunstâncias, bem mais brandos. Agora, não se tratava de fazer a revolução popular, e sim de restaurar a democracia no país. Isso não impediu, como se sabe, de terem surgido, um pouco mais tarde, organizações de grupos que partiram para a tomada do poder por meio da luta armada. Mas essa é outra questão que, como sabemos, não prosperou. Algumas pessoas que conseguiram sobreviver ao massacre imposto pelos militares nessa época reconhecem que a estratégia de luta não foi a melhor. O fato é que, a partir de 1964, formava-se um novo perfil de resistência que se convencionou chamar de cultura de protesto.

O musical *Opinião*, de longa duração em cartaz, era referência para todo esse novo público que desejava contestar a falta de liberdade. Em outras palavras, o ponto de encontro dos jovens politizados, de parte da nossa *intelligentsia* e de outras pessoas interessadas em cultura e nos caminhos (nesse momento eram descaminhos) da política brasileira. Além disso, o show *Opinião* foi o primeiro evento cultural que seria organizado por artistas ex-integrantes do CPC após o golpe militar. Nara Leão, uma das integrantes do movimento bossa-nova bem no início, como vimos, Zé Kéti, compositor já bem conhecido no Rio de Janeiro, e João do Vale, do interior do Nordeste e autor da canção *Carcará*, eram os responsáveis pela apresentação do musical *Opinião*, sob a direção de Augusto Boal, credenciado pelo sucesso de suas peças no Teatro de Arena, em São Paulo.

O poeta Ferreira Gullar, terceiro e último diretor do CPC, dá um depoimento bastante preciso do que foi esse espetáculo, mas também do que ele representou como ponto de partida da nova estratégia de luta política. Vejamos suas palavras: "o show teve enorme repercussão: era feito com habilidade, uma coisa engraçada, cheia de música, Narinha Leão, lindinha, conquistando as pessoas, o João do Vale, que era um compositor do Nordeste e Zé Kéti, um compositor do morro. Ninguém com compromisso político, com marca política nenhuma, mas o conteúdo do show, no meio das brincadeiras, era contra a ditadura mesmo. No fundo reafirmar o plano da reforma agrária, a luta de classes, contra a exploração. O povo, a intelectualidade toda e o pessoal de classe média se identificaram, viram que aquilo era a expressão contrária à ditadura e o teatro era lotado com meses de antecedência. Quando a ditadura se deu conta, não pôde fazer nada, porque não podia fechar um espetáculo que era o sucesso do teatro na época"[46].

As palavras de Ferreira Gullar reiteram o caráter político do show *Opinião*, mesclado com um certo humor. Mesmo assim, o primeiro show recebeu algumas ressalvas da crítica especializada. Para Paulo Francis o protesto político não integrava os propósitos do show *Opinião*, comandado por Nara Leão e seus amigos. Talvez por isso mesmo, como vimos anteriormente, a música *Opinião*, de Zé Kéti, não traz conotações políticas. O que se depreende do texto poético é a satisfação e a resignação diante das coisas "boas" e ruins, respectivamente, que existem no morro.

Por força do AI-1– Ato Institucional número 1, que estabeleceu eleições indiretas para presidente, o general Humberto

---

46. RIDENTI, Marcelo. Op. cit., p. 125-6.

de Alencar Castello Branco foi eleito a 15 de abril de 1964, com mandato até 31 de janeiro de 1966[47]. Mas esse mesmo ato, criado a 9 de abril, estabeleceu algumas medidas cujo objetivo era reforçar o Poder Executivo, agora exercido por um general. O Congresso Nacional, portanto, perdia força e autoridade. A estratégia do "decurso de prazo" foi amplamente utilizada e, assim, o presidente tinha todas os seus projetos aprovados sem dificuldades.

Começariam as cassações, verdadeiros desmandos contra os adversários políticos do governo. A esquerda política do país foi subtraída em sua base, com a perseguição aos seus principais líderes. Junto com eles, figuras proeminentes do cenário político brasileiro, como Jânio Quadros, Leonel Brizola, João Goulart, que havia sido deposto, e Juscelino Kubitschek, a grande ameaça aos militares, em face do prestígio político e da popularidade que manteve junto à população. Ele era virtual candidato à sucessão de João Goulart. Todos eles, além de cassados (perda imediata de mandato), tiveram seus direitos políticos suspensos por dez anos. Não poderiam se candidatar a nenhum cargo eletivo por esse período.

No Rio de Janeiro, no primeiro dia após a queda de Jango (primeiro de abril), a polícia invadiu a sede da UNE à procura de estudantes considerados subversivos e de documentos que justificassem à população a extinção da entidade. Apesar da forma

---

47. O livro do professor Ronaldo Costa Couto, *História indiscreta da ditadura e da abertura*, traz observação interessante dos bastidores dessa eleição: "O presidente Castello Branco teve uma votação muito expressiva. Mas não contou com o voto de Tancredo Neves, seu amigo pessoal de longa data, companheiro na Escola Superior de Guerra em 1956. Tancredo alegou aos amigos do PSD, inclusive ao presidenciável Juscelino Kubitschek de Oliveira e a Ulisses Guimarães, que não seria bom para o Brasil, independentemente dos méritos de Castello. Conta-se que, esgotados todos os argumentos, Juscelino ainda fez um apelo: 'Mas, Tancredo, o Castello é um intelectual como você. Já leu centenas de livros'. Tancredo: 'É verdade, Juscelino. Mas ele leu os livros errados".

truculenta de agir, os militares cuidaram muito para manter boa imagem junto à sociedade. Não acharam documentos, mas levaram estudantes presos e incendiaram as instalações da UNE. A partir desse momento, ela passaria a agir clandestinamente. A perda da sua legalidade, porém, era previsível. Durante o governo de João Goulart, a UNE e o CPC, dois órgãos estreitamente ligados, tiveram ampla liberdade de ação e até recebiam apoio do governo federal.

Em que pese o clima de verdadeira caça às bruxas, de medo e insegurança, o governo militar continuava seu trabalho de higienizar a política brasileira, derrotando seus adversários com a ponta da caneta. Menos mal, porque mais tarde viria a tortura. Se era parlamentar, cassação dos direitos políticos e inelegibilidade por dez anos resolveria, se era funcionário público atuante na política, a sumária exoneração dava conta do problema.

O mais sinistro, no entanto, ainda estaria por acontecer. No dia 13 de junho de 1964, o presidente Castello Branco assinou o decreto-lei nº 4.131 criando o SNI – Serviço Nacional de Informações. O objetivo dessa instituição era "coletar e analisar informações pertinentes à segurança nacional, à contra-informação e à informação sobre questões de subversão interna". Idealizado pelo general Golbery do Couto e Silva, ele seria também seu primeiro dirigente. Dois generais que futuramente seriam presidentes do Brasil foram chamados por Golbery para integrar a equipe do SNI. O então coronel João Batista Oliveira Figueiredo integraria o Conselho de Segurança e o general Emílio Garrastazu Médici seria adido militar em Washington e, ao retornar seria o chefe do SNI do governo Costa e Silva.

No decorrer do tempo, porém, esse órgão, se tornaria um "poder político de fato, paralelo ao Executivo. Atua também como polícia política, com plena liberdade de ação após o enrijecimento do regime nos governos Costa e Silva e Médici. Torna-se braço forte da repressão a qualquer custo e com quaisquer métodos. Muitos anos depois o próprio general Golbery dirá que criou um monstro"[48].

Mesmo com todos os desmandos políticos, o governo do general Castello Branco é visto como um dos mais moderados do período militar. Qualquer outro general em seu lugar, como primeiro presidente, necessariamente teria tomado as mesmas "medidas corretivas". Este era o termo usado pelos militares para justificar as cassações, demissões, tomar decisões severas sobre nossa economia, entre tantas outras coisas. Ao mesmo tempo, era também um compromisso que o primeiro presidente teria de assumir com os militares autores do golpe. Assim, em 11 de abril, quando o Congresso Nacional elegeu Castello Branco, ficou determinado que seu mandato apenas completaria o tempo restante ao do presidente João Goulart. Esse compromisso, aliás, integra o próprio discurso de posse do novo presidente: "Meu procedimento será o de um chefe de Estado sem tergiversações no processo para a eleição do brasileiro a quem entregarei o cargo a 31 de janeiro de 1966. [...] Farei o quanto em minhas mãos estiver para que se consolidem os ideais do movimento cívico da nação brasileira nestes dias memoráveis de abril, quando se levantou unida, esplêndida de coragem e decisão, para restaurar a democracia e libertá-la de quantas fraudes e distorções a tornavam irreconhecível [...] Nossa vocação é a da liberdade democrática, governo da maioria com a colaboração e o respeito das minorias"[49].

O discurso do presidente Castello Branco foi bem recebido pela chamada ala moderada dos militares. A idéia de sua gestão ter um "caráter corretivo", colocando o país na normalidade política e administrativa tinha seus adeptos. Em contrapartida, porém, havia um outro grupo de militares que ficou conhecido como "linha dura". Pode-se dizer que eram os oficiais da direita radical, cuja figura de

---

48. COUTO, Ronaldo Costa. *História indiscreta da ditadura e da abertura*, Rio de Janeiro, Record, 1998, p. 66-7.
49. COUTO, Ronaldo Costa. Op. cit., p. 62.

destaque concentrava-se no general Arthur da Costa e Silva, ministro do governo Castello Branco. Esse grupo de militares não desejava, rigorosamente, apenas um governo militar de transição. Eles queriam mesmo, e conseguiram, a permanência do movimento por tempo indeterminado.

Aqui pode-se falar até mesmo em um "golpe dentro do golpe". Até porque Castello Branco, após restabelecer a governabilidade do país, prorrogou seu mandato por mais um ano, preocupado com seu substituto. Ele não desejava Costa e Silva, justamente por ser o grande líder do grupo "linha dura". Castello não teve como evitar nem a candidatura do seu radical ministro do Exército, nem a chance de devolver a presidência da República a um civil.

Venceu o grupo dos militares radicais, que elegeu Costa e Silva. Mesmo durante seu mandato, Castello Branco recebia seguidas pressões do grupo "linha dura". Por conta disso, institui os IPMs – Inquéritos Policial-Militares, cujo objetivo era precisamente procurar e prender comunistas. Universidades, repartições públicas, casas de espetáculos, entidades científicas, esportivas e residências passariam a ser vasculhadas para deter o que os militares chamaram de avanço do comunismo.

As arbitrariedades e o despreparo dos militares em mais esse ato repressivo chegariam a momentos jocosos ou, melhor seria dizer, tragicômicos. Em suas buscas "anticomunistas", um militar graduado foi à casa do poeta Ferreira Gullar e deparou com seu ensaio intitulado, *Do cubismo à arte neoconcreta*. Para perplexidade do poeta, o trabalho foi levado pelo militar com o seguinte argumento: tratava-se de escritos sobre Cuba.

Boa parte do material apreendido em São Paulo seria exibida à visitação pública no grande saguão da sede do então *Diários Associados*, à Rua Sete de Abril. Essa exposição, muito mal organizada, era um verdadeiro samba do crioulo doido. Não havia nenhum critério lógico para a seleção do material a ser exposto. Se de uma parte, encontrávamos livros, revistas e textos científicos sobre marxismo, de outra parte, havia livros de Adelaide Carraro, Cassandra Rios, alguns números da revista *Realidade*, discos de bossa-nova, entre tantos outros objetos sem qualquer conotação política. Nessa ocasião, os meios de comunicação puderam se manifestar a respeito da exposição apenas para noticiá-la, mas não para fazer apreciação crítica. Os objetivos da exposição eram muito claros. O primeiro, mostrar à população os "perigos" que a sociedade brasileira estava correndo com a possibilidade de o comunismo tomar conta do país. Agora, com os militares no poder, esse risco estava eliminado. O segundo, era o de conquistar a simpatia da população que, a partir daquele momento, poderia assumir a causa para si e ajudar o governo a combater o comunismo. Exposições desse tipo foram organizadas em todo o país, evidentemente, com os mesmos objetivos.

O clima político do país era muito tenso. A oposição posta na clandestinidade, começaria a reagir com violência, realizando atentados a bomba. Foi o caso, por exemplo, do Aeroporto dos Guararapes, em julho de 1966, quando uma bomba explodiu. O destino certo era o general Costa e Silva e sua comitiva. Para sorte de ambos, o avião atrasou. Mesmo assim, a explosão matou um almirante e um jornalista. Mais tarde, soube-se que o atentado foi obra de Raimundo Gonçalves Figueiredo, o Raimundinho, militante da AP – Ação Popular. Intransigente em seus objetivos, o general Costa e Silva continuava fazendo sua campanha para a presidência da República, contrariando as orientações do presidente Castello Branco, que considerava uma atitude prematura.

Apesar da delicada situação política por que passava o país, ainda não podemos falar propriamente de uma censura institucionalizada, pelo menos até meados dos anos 1960. Aliás, entre 1964 e 1968, a produção cultural brasileira não seria tão afetada. O que havia, na verdade, eram atos autoritários isolados de maus burocratas que se sentiam com um pouco de poder e resolviam prevaricar. Talvez o melhor exemplo seja a canção *Tamandaré*, de Chico Buarque, feita em 1965. Ela foi proibida pela Marinha, não se sabe exatamente quem tomou a decisão, mas o fato é que não entendeu o texto poético do compositor. Aliás, interpretou como se fosse uma galhofa com a figura do Almirante Tamandaré, estampada na nota de um cruzeiro. Ora, basta prestar atenção à letra para se perceber que nada tem de demeritório ao patrono da nossa marinha, como é chamado dentro das Forças Armadas.

O que se denota, isto sim, é uma metáfora muito bem construída por meio do monólogo de "Zé qualquer" dirigindo-se a Tamandaré, na "velha nota de um cruzeiro, que nada responde. A velha nota perdeu tanto o seu valor que o "semblante meio contrariado" de Tamandaré faz "Zé qualquer aproximar-se do Almirante. O contexto geral da letra mostra "Zé qualquer", cidadão do povo, acostumado, mas desiludido com a desvalorização do dinheiro. Mesmo assim, tem consciência de que "a maré não tá boa, vai virar a canoa, e este mar não dá pé, Tamandaré". Em outras palavras, a situação pode até piorar. Desvalorizado o nosso dinheiro, uma nota de um cruzeiro quase nada vale. Assim, Tamandaré, no meio dessa cédula, se tornaria um tipo de despossuído. "Zé qualquer" pergunta, "cadê teu troféu, cadê teu valor, meu caro almirante". Como se pode observar, o texto não desmerece o Almirante Tamandaré. Ao contrário, a expressão, "que fazes aí parado, no meio dessa nota de um cruzeiro rasgado", nos leva a pensar que "Zé qualquer" deseja algo melhor para Tamandaré. Portanto, exatamente o oposto do que entendeu o mau burocrata da Marinha quando, arbitrariamente, proibiu *Tamandaré*. Não percebeu também, que a nota de um cruzeiro com o rosto do Almirante era apenas a metáfora para mostrar a desvalorização da nossa moeda na época. Embora um texto de prosa ou de poesia seja passível de duas ou mais leituras, há um limite mínimo em tudo isso. No caso de *Tamandaré*, é notório que Chico Buarque não teve nenhuma intenção jocosa ou depreciativa à sua imagem. De qualquer modo, caro leitor, esta é a interpretação desse autor sobre *Tamandaré*. Poderíamos ter nos estendido um pouco mais nesta análise, mas também nada que acrescentasse muitas outras coisas. O principal, a meu ver, está dito. Para que você possa fazer uma análise, transcrevo, na íntegra, o longo texto-poético de Chico Buarque, *Tamandaré*.

> Zé qualquer tava sem samba, sem dinheiro
> Sem Maria sequer
> Sem qualquer paradeiro
> Quando encontrou um samba inútil e derradeiro
> Numa inútil e derradeira
> Velha nota de um cruzeiro
> "Se Marquês", "seu" Almirante
> Do semblante meio contrariado
> Que fazes parado
> No meio dessa nota de um cruzeiro rasgado
> "Seu Marquês", "seu" Almirante
> Sei que antigamente era bem diferente
> Desculpe a liberdade
> E o samba sem maldade
> Deste Zé qualquer
> Perdão Marquês de Tamandaré
> Perdão Marquês de Tamandaré
>
> Pois é, Tamandaré
> A maré não ta boa
> Vai virar a canoa
> E este mar não dá pé, Tamandaré
> Cadê as batalhas
> Cadê as medalhas
> Cadê a nobreza
> Cadê a marquesa, cadê.
> Não diga que o vento levou
> Teu amor até

Pois é, Tamandaré
A maré não ta boa
Vai virar a canoa
E este mar não dá pé, Tamandaré
Meu marquês de papel
Cadê teu troféu
Cadê teu valor
Meu caro almirante
O tempo inconstante roubou

Zé qualquer tornou-se amigo do marquês
Solidário na dor
Que eu contei a vocês
Menos que queira ou mais que faça
É o fim do samba, é o fim da raça
Zé qualquer ta caducando
Desvalorizando
Como o tempo passa, passando
Virando fumaça, virando
Caindo em desgraça, caindo
Sumindo, saindo da praça
Passando, sumindo
Saindo da praça

Se, por um lado, o quadro político do governo Castello Branco tinha se agravado com as pressões políticas do grupo "linha dura", de outra parte, a produção cultural do país não seria afetada na mesma proporção, apesar dos Inquéritos Policial-Militares. No teatro, por exemplo, em 1965, a peça *Liberdade, liberdade*, com Paulo Autran apresentada no Teatro de Arena, em São Paulo, abordava e propiciava discussões sobre o pensamento político-liberal, com grande sucesso de público. Estava em pauta, justamente a luta que o homem trava cotidianamente pelo direito de ser livre. A platéia sempre repleta de notoriedades de diversas áreas da cultura, se misturava aos jovens que lutavam pela popularização da "cultura engajada". No cinema, o filme de Arnaldo Jabor, *Opinião pública* adota o estilo interativo. É o cinema-verdade, para ouvir a opinião do povo.

A música popular brasileira, onde já havia acontecido e se consolidado o movimento bossa-nova, entra na fase dos grandes festivais. A versão mais politizada que receberia a denominação de canção de protesto, ainda no início dos anos 1960, terá o apoio e a preferência da platéia, em sua maioria formada por jovens universitários. Esse era o clima cultural dos anos 1960. Até 1968, nenhuma canção dos festivais passou pela censura que, como já disse, ainda não havia sido institucionalizada. Assim, a extinta TV Excelsior de São Paulo organizou o primeiro festival de MPB em 1965. O local escolhido foi o Guarujá, litoral de São Paulo. Venceu a música *Arrastão,* de Edu Lobo e Vinícius de Moraes, na interpretação de Elis Regina. A canção tinha nítidas influências dos recentes tempos do CPC: dramaticidade no texto poético e a excepcional vibração melódica, em escala crescente, até atingir o ápice com o fim da canção. O sucesso de público e de crítica levaria a TV Record a organizar também o seu festival em 1966. Foi um grande acontecimento da música popular brasileira. Os vencedores classificados juntos em primeiro lugar, foram Chico Buarque de Hollanda, com *A banda* e Geraldo Vandré e Theo de Barros Filho com *Disparada*. São canções com temas e estilos bem distintos. *A Banda,* usa de uma narrativa lírica para destacar a importância da música na vida das pessoas que vivem um cotidiano sem novidades. Com a passagem da banda pela cidade tudo se transforma. A alegria da música rejuvenesce o ambiente, afasta a monotonia e traz a felicidade. A banda que passou pela cidade "cantando coisas de amor" fez as pessoas sofridas deixarem de lado sua dor. "A moça triste que vivia calada sorriu", "a rosa triste que vivia fechada se abriu", como se quisessem se confraternizar de felicidade. Até o "velho fraco", pelo menos enquanto a banda passava, retomou sua juventude e caiu na dança. A "moça feia", por alguns momentos de ilusão, acreditou que a banda tocava em sua homenagem. Até a cidade, tomada de alegria, enfeitou-se só para "ver a banda passar cantando coisas de amor". Mas todo esse feliz acontecimento, esse alumbramento vai embora junto com a banda. A cidade volta à sua normalidade, as pessoas à rotina do cotidiano, mas com o peito apertado pelo desencantamento da alegria que se foi. Chico Buarque finaliza sua canção assim:

> Mas para meu desencanto
> O que era doce acabou
> Tudo tomou seu lugar
> Depois que a banda passou
>
> E cada qual no seu canto
> Em cada canto uma dor
> Depois da banda passar
> Cantando coisas de amor

Já a música *Disparada* aborda outra temática, bem compatível com o clima de contestação da juventude universitária, principal público dos festivais. Trata-se de uma canção de protesto que relata com admirável precisão a dura vida do homem de interior nordestino. As agruras por que passou, a crueza de uma vida cáustica que o embrutece diante de tanta tragédia, mas não tira sua sensibilidade. É o homem do sertão que tem coisas para cantar, como mostram os versos abaixo:

> Aprendi a dizer não
> Ver a morte sem chorar
> E a morte, o destino tudo
> A morte, o destino tudo
> Estava fora de lugar
> Eu vivo pra consertar

Ao lado de um discurso pela justiça social, *Disparada* apresentou algumas inovações estéticas para aquela época. Não podemos esquecer que estávamos em 1966. Primeiro, o fato de ser um ritmo musical sem identidade com o meio urbano-industrial.

Como declara Theo de Barros, "a intenção era compor uma moda de viola baseada no folclore da região centro-sul, porém nossas raízes se infiltravam no processo e resultou uma catira de chapéu de couro"[50]. Embora a grande maioria do público de festival não estivesse familiarizada com a catira, também conhecida por cateretê[51], ela foi muito bem aceita. Além do discurso revolucionário, o ritmo da canção era importante. Ele começava lentamente e, a partir de certo momento, adquiria a velocidade e a retumbância necessárias para finalizar de forma apoteótica. A platéia, claro, ia ao delírio, mais ou menos como já o fizera em *Arrastão*, que tem recursos rítmicos muito semelhantes.

Uma particularidade significativa em *Disparada* é a presença de uma queixada de cavalo servindo de instrumento de percussão. Ela marcava o ritmo para o intérprete Jair Rodrigues e servia de contraponto entre o texto poético e a melodia. Ao mesmo tempo, empunhada pelo ritmista diante do grande público, empolgava a todos. Era também um símbolo polissêmico. Tanto poderia ser visto como reivindicação de justiça social, mas poderia significar exatamente o contrário, isto é, a injustiça social. Seria ainda a representação icônica da pobreza, do sofrimento, da incerteza, da vida difícil e da seca nordestina. Poderia significar a música do subdesenvolvimento brasileiro. De uma população que, como diz o provérbio popular, "vive no osso".

---

50. SEVERINO, J. e MELLO, Zuza H. Op. cit., p. 99.
51. A definição de cateretê dada pelo *Dicionário Houaiss da Língua Portuguesa* é a seguinte: "dança rural muito difundida em que os participantes formam duas filas, uma de homens e outra de mulheres e, ao som da música, sapateiam e batem palmas"

Esse festival dividiu as opiniões entre a denúncia e o protesto, de um lado, e a narrativa lírica, de outro. Mesmo entre a grande platéia de estudantes, em que pese o aspecto sociopolítico que a canção brasileira vinha adquirindo, houve divisão de opiniões. Uma parte politizada, ou, pretensamente politizada, aplaudia entusiasticamente *Disparada*. Outra parte, não menos expressiva em número e alegria, torcia com igual entusiasmo por *A banda*. Estávamos diante de uma verdadeira catarse coletiva, bem ao estilo do conceito aristotélico do termo. Fora do Teatro Record, a multidão que não conseguiu entrar para assistir ao espetáculo exibia faixas de saudações às canções e seus intérpretes. Para a época, foi, de fato, um grande acontecimento cultural. A música popular brasileira era o centro das atenções da cultura lúdica no país. Nesse mesmo ano de 1966, outros dois festivais foram realizados. O Primeiro Festival Internacional da Canção, no Rio de Janeiro, e o Segundo Festival de MPB da TV Excelsior, em São Paulo. Ao corpo de jurados, cabia a responsabilidade de escolher entre o protesto/denúncia de *Disparada* e o lirismo de *A Banda*. A escolha, que não foi uma rejeição ideológica, recaiu sobre esta última. Os diretores da TV Record, com o perdão da palavra, pediram arrego. Recorreram a um expediente inusual para as decisões em festivais. Temerosos da reação do público favorável à *Disparada*, decidiram considerar ambas empatadas em primeiro lugar.

    Na política nacional, a situação já prenunciava momentos ainda mais difíceis para o país. Toda a alegria e a descontração dos festivais não afastavam a preocupação do quadro político, que caminhava para um confronto perigoso entre as forças do governo e a oposição. Alguns acontecimentos já justificavam essa apreensão. Quando Castello Branco baixou o Ato Institucional n°2, dissolveu os partidos políticos e estabeleceu eleições indiretas para seu sucessor, a sociedade recebeu muito mal essa imposição. Não bastasse isso, em 1966 teríamos nova decepção. As eleições para governadores também passariam a ser indiretas.

Em outubro desse mesmo ano, confirmam-se os maus presságios que rondavam o país e a política brasileira. O grande representante da "linha dura" entre militares é eleito pelo Congresso Nacional para substituir o presidente Castello Branco em março de 1967. Em outros termos, estava completamente fora de cogitação a eleição presidencial pelo voto direto marcada para o dia 3 de outubro de 1965. Aliás, ela já estava, rigorosamente, a partir de junho de 1964, quando o Congresso Nacional prorrogou o mandato de presidente por mais um ano. A sinalização para mais esse ato autoritário de Castello Branco tinha sido dada pelas eleições diretas para governador. Minas Gerais e Guanabara, dois estados politicamente muito fortes, elegeram os candidatos da oposição.

O quadro político, nessas condições, acenava para a derrota do candidato do governo, se houvesse eleições diretas para presidente. A alternativa, portanto, era uma só: baixar o Ato Institucional n° 2 e passar a responsabilidade para o Congresso Nacional eleger o novo presidente. Mesmo contra a vontade de líderes como Ernesto Geisel, Golbery do Couto e Silva e do próprio presidente Castello Branco, o general Arthur da Costa e Silva elege-se presidente da República, criando uma cisão interna que as próprias Forças Armadas teriam de administrar. Essa pequena crise resvalaria ainda para o plano econômico. Depois de eleito, Costa e Silva discordou da carta de intenções negociada entre o governo Castello Branco e o Fundo Monetário Internacional.

Todo esse quadro de insatisfação com a presença dos militares no poder levaria setores da esquerda a se organizarem para a luta armada. A posse de Costa e Silva, representante da ala mais "linha dura" das Forças Armadas, paradoxalmente, estimulava a organização de grupos dispostos a tomarem o poder à força. Tanto é assim que, em abril de 1967, a organização guerrilheira ligada a Leonel Brizola sofreu derrota fatal na Serra de Caparaó. Ao mesmo tempo, surgiria nessa ocasião a VPR – Vanguarda Popular Revolucionária. Era uma organização guerrilheira, inicialmente formada por militares cassados pelo governo Castello Branco. Com o surgimento de uma luta política baseada em armas de ambas as partes, o diálogo desapareceu.

O quadro político, tornava-se cada dia ainda mais tenso e sombrio. Evaneceram-se as mínimas esperanças (se é que elas ainda existiam) de se restabelecer a democracia no país. As manifestações públicas dos estudantes pedindo a volta da democracia no final do ano de 1967 preocupavam o governo militar. Mais preocupante, no entanto, era saber que tínhamos um presidente radical, antidemocrata e com incrível ojeriza por qualquer linha político-ideológica que não contemplasse suas atitudes e decisões autoritárias. Era só uma questão de tempo, e o país estaria mergulhando em uma guerra de surdos-mudos. Prevaleceria a insensatez e a truculência. O jornalista Elio Gaspari dá a dimensão exata do clima político brasileiro em poucas palavras: "Quando o ano terminou, a esquerda e a direita tinham-se posto de acordo numa coisa: a necessidade da criação de uma estrutura militarizada para o encaminhamento da divergência política. Marighela formava o seu Agrupamento Comunista. Os sargentos do MNR, afastados de Leonel Brizola, começavam a gravitar em torno de bases radicais paulistas e gaúchas. Entre maio e dezembro de 1967 quatro organizações esquerdistas publicaram longas análises e projetos estratégicos para o que duas delas chamavam de 'guerra popular', uma de 'guerra revolucionária' e a última de 'guerra insurrecional'. O coronel Fiúza organizava o CIE, e com ele se desenvolvia a idéia da militarização das ações policiais. De um lado e de outro havia uma certeza: dentro de muito pouco tempo começariam a guerra"[52].

---
52. GASPARI, Elio. *A ditadura envergonhada.* São Paulo,

Estávamos no ano de 1967. As denúncias sobre torturas ganhavam destaque na imprensa do Brasil e do exterior. Registrou-se ainda a morte de dois militares da VPR. Um por enforcamento na cela, embora tivesse havido uma simulação de suicídio. A mesma situação se repetiria em 1975 com o jornalista Wladimir Herzog, professor da Universidade de São Paulo. A polícia, no entanto, constatou que ele foi enforcado, e não se enforcou. Mesmo diante da evidência dos fatos, o presidente Costa e Silva afirmou que "a plenitude da democracia está alcançada, resta consolidá-la".

Fora do quadro político, a cultura brasileira, e em especial nossa música popular, mostrava-se muito profícua. Surgiu uma geração de jovens muito talentosos: Chico Buarque, Edu Lobo, Gilberto Gil, Caetano Veloso, Roberto Carlos (já consagrado pelo programa Jovem Guarda), Milton Nascimento, Torquato Neto, Capinan, Cacaso, entre outros. Sérgio Ricardo também conviveu com esse grupo, mas já era um pouco mais conhecido por suas canções de protesto da época do CPC e do grupo Opinião. Todos esses jovens cantores e compositores aderiram às transformações estéticas introduzidas pelo movimento bossa-nova. Mas, como nosso país vivia um período de autoritarismo, seria natural a mudança de temas. O amor, a flor, o sol e o mar, por exemplo, que já haviam cedido um pouco de espaço para canção engajada dos tempos do CPC e do Grupo Opinião, passarão a conviver também com a canção de protesto. Apenas as nomenclaturas eram diferentes, os objetivos eram os mesmos: usar a música como veículo de denúncia da situação social e política do país. Nessa época, a realidade que vivíamos, quase exigia uma atitude político-ideológica desses jovens. Sobre esse aspecto, aliás, houve até certos exageros conhecidos por "patrulhamento ideológico". Vivíamos ainda a época dos grandes festivais. A TV Record organizou o seu Terceiro Festival da MPB e o mais importante de todos eles. As canções *Ponteio*, de Edu Lobo e

Capinan, *Domingo no parque*, de Gilberto Gil, *Roda viva*, de Chico Buarqu,e *Alegria, alegria*, de Caetano Veloso, foram consideradas as quatro melhores do festival nessa ordem. A apresentação de Sérgio Ricardo e sua canção, *Beto bom de bola*, foi o grande acontecimento do festival. O texto poético trata da história de um jogador ainda garoto da periferia. Quem conhece o universo do futebol sabe que ele tem suas mazelas quase sempre praticadas por cartolas oportunistas. Este é o caso de Beto, ele foi vítima do caráter inescrupuloso da cartolagem, em quem confiou e foi enganado. O texto poético é longo e reproduzo apenas uma pequena parte:

> E foi-se a Copa
> e foi-se a glória
> e a nação se esqueceu
> do maior craque da história
> Quando bate a nostalgia
> bate noite escura
> mãos no bolso e a cabeça
> baixa sem procura
> Beto vai chutando pedra
> Cheio de amargura

Houve um tempo, em nosso futebol, que o jogador atingia o auge da fama, mas não realizava bons contratos com seu clube. Havia sempre um cartola maledicente e esperto, no que o termo tem de nocivo, disposto a explorar a boa-fé e a desinformação do jogador de futebol. Este é o caso de Beto, uma metáfora muito bem construída por Sérgio Ricardo, para que lembremos de casos como os de Veludo e Garrincha, apenas paramencionar dois que já morreram pobres, quase miseráveis. Na verdade, o que o autor fez foi a denúncia social. Ele mostrava a exploração de quem pode, de quem tem o capital, sobre quem não pode, mas tem o talento.

A grande platéia do festival e o compositor não se entenderam. Bem que ele tentou por diversas vezes cantar sua canção, mas o público, implacável, o vaiou ininterruptamente, desde sua entrada ao palco. Em certo momento, ainda que sob apuros, fez o seguinte pronunciamento: "Eu queria apenas dizer aos presentes, que depois deste festival o nome desta música vai ser *Beto bom de vaia*, de forma que vocês podem vaiar à vontade".

Em minha opinião, Sérgio Ricardo errou em seu confronto com a platéia. Com uma grande aglomeração de pessoas não se discute, muito menos se ironiza. O comportamento coletivo divide a responsabilidade dos seus atos entre a multidão e tudo se dilui, ou seja, ninguém é responsável pelo que faz. O compositor poderia ter pensado nisso. De sua parte, o desrespeito e a falta de educação de uma multidão, quando contrariada, já são fatos consumados. Não há racionalidade em suas atitudes.

Já faz trinta e oito anos que esse episódio aconteceu, que passou para a história da nossa música popular, mas traumatizou alguns artistas e cantores que participaram do festival. Por exemplo, Nara Leão e Elis Regina. Emocionalmente exaurido por tentar e não conseguir cantar sua canção, Sérgio Ricardo parou, olhou em direção à platéia e disse: "Vocês ganharam, vocês ganharam". Em seguida, quebrou seu violão, batendo-o contra um tamborete, e lançou-o sobre a platéia. Boa parte das pessoas se "quedou paralisada", como a cidade de Chico Buarque em sua música, *Geni e o Zepelin*. Sérgio Ricardo entrou nos camarins do teatro, recebeu a solidariedade unânime dos seus colegas cantores e compositores, mas foi desclassificado pela direção da TV Record. Os membros do corpo de jurados, Sérgio Cabral, Ferreira Gullar, Chico Anísio e Franco Mártires, discordaram do comportamento da platéia.

Mas o 3º Festival da Música Popular Brasileira traria também algumas novidades e inovações estéticas. As músicas *Alegria, alegria*, de Caetano Veloso e *Domindo no parque*, de Gilberto Gil, são apontadas como precursoras do tropicalismo. Mesmo assim, é preciso reconhecer que não havia intenção deliberada de se criar qualquer tipo de movimento com as canções citadas. O próprio Gilberto Gil declarou que "o tropicalismo surgiu mais de uma preocupação entusiasmada pela discussão do novo do que propriamente como um movimento organizado"[53]. Ao contrário de outras músicas voltadas para uma política mais participante, como as canções de protesto, *Alegria, alegria* e *Domingo no parque* escolhem outra vertente que, se não era nova, com certeza trazia ambigüidades a serem pensadas. O país vivia sob o autoritarismo dos militares, e aquele segmento *cult* da canção popular brasileira se dividiu entre o entusiasmo da novidade e a desconfiança da narrativa poética. As questões sociopolíticas tão em voga, que tanto arrebatavam o público, formado em grande parte por jovens universitários, não integravam as canções tropicalistas.

Em *Alegria, alegria*, o tema fundia diversos elementos da nossa contemporaneidade de forma fragmentada, como se tivéssemos uma seqüência de cenas de rua. Além disso, todos os ingredientes do que se considerava moderno na época estavam presentes. O conceito, por exemplo, de uma cultura *hippie* aparece pelo menos em dois momentos. O primeiro, na imagem que o texto poético nos passa, de um jovem inteiramente descompromissado com as coisas do cotidiano, que via o mundo sob a perspectiva da harmonia, da ternura, da leveza nas relações sociais, enfim, da vida com "paz e amor". Aliás, esta expressão é a síntese perfeita do significado de ser *hippie* naquela época. A descontração cênica de Caetano Veloso, ao se apresentar e interpretar sua canção, conduzia à leveza, a uma calma interior que só poderia mesmo chegar e até se sentir em estado de paz e amor. Um pouco mais tarde, após a apresentação no terceiro

---

[53]. Entrevista de Gilberto Gil registrada por Augusto de Campos, em *Balanço da bossa*, 4ª ed., São Paulo, Perspectiva, 1986, p. 193.

festival, tanto Caetano, quanto Gilberto Gil, adotariam um visual que ia bem ao encontro do estilo *hippie* de ser. Os dois baianos, porém, não tinham muita (na verdade, quase nenhuma) identidade com o que se convencionou a chamar de *hippie*. Pelo menos em nosso país, a cultura *hippie* foi quase inteiramente descaracterizada e vulgarizada pelo modismo da época. E, mais do que isso, apropriada em seus valores, pela indústria cultural. Em sua apresentação no terceiro festival, Caetano Veloso realmente inovou. Ao contrário de todos os outros intérpretes que se faziam acompanhar de conjuntos brasileiros, ele convidou os *Beat Boys,* de procedência argentina. Não há registro de casos idênticos na nossa música popular. No refrão de *Alegria, alegria,* percebe-se no filme do festival que o conjunto argentino pronuncia "*porque non, porque non*".

A escolha, no entanto, não foi aleatória. Uma das propostas de trabalho de Caetano era mesmo misturar sons da música popular brasileira com elementos sonoros do *pop* internacional. Havia motivos para essa experiência estético-musical. A importância e a influência mundial dos Beatles e seu iê, iê, iê, não podia continuar "ignorada" por nossos cantores e compositores, mesmo na chamada música popular brasileira.

Nessa época em nosso país, os Beatles eram mais populares que qualquer cantor, compositor brasileiro ou estrangeiro. A única exceção talvez, seja feita mesmo a Roberto Carlos, que seguiu pelos caminhos do iê, iê, iê, dando mais tarde a esse ritmo uma coloração mais verde-amarela. Foi um período muito significativo para a cultura lúdico-musical do país. Convivemos, simultaneamente, com a bossa-nova e o iê, iê, iê, com a mesma intensidade. Não estou querendo dizer, com os argumentos acima, que Caetano Veloso tenha pensado ou não, dessa forma. Por outro lado, ele sempre afirmou (até no dia do final do festival) que em *Alegria, alegria* procurou reunir sons da música popular brasileira com experiências do pop internacional.

O resultado desse hibridismo musical foi o que ficamos conhecendo pelo nome de tropicalismo. Convém registrar que o chamado movimento tropicalista não se iniciou no 3º Festival da Música Popular da TV Record. Bem antes, ainda em 1965, temos manifestações que são consideradas tropicalistas.

Por exemplo, a exposição intitulada Opinião 65, realizada por 29 artistas plásticos no Rio de Janeiro. Nela, estava Hélio Oiticica, o criador do termo "tropicália". Todas as obras exibidas tinham uma convergência estética que as identificava com a *pop art* americana e uma ruptura com o formalismo arcaico, com a arte do passado.

A literatura sobre o tropicalismo tem aumentado significativamente, mas é provável que o melhor conceito para entendermos o tropicalismo esteja mesmo nas palavras de um dos seus maiores estudiosos, o professor Celso Favoretto: "O tropicalismo surgiu, assim, como moda; dando forma a certa sensibilidade moderna, debochada, crítica e aparentemente não-empenhada. De um lado, associava-se a moda ao psicodelismo, mistura de comportamentos *hippie* e música *pop,* iniciada pela síntese de som e cor; de outro, a uma revivescência de arcaísmos brasileiros, que se chamou de cafonismo. Os tropicalistas não desdenharam este aspecto publicitário do movimento; sem preconceitos interiorizaram-no em sua produção, estabelecendo assim uma forma específica de relacionamento com a indústria da canção"[54]. Alguns aspectos podem explicar melhor esta relação amistosa e até bem sucedida, dos tropicalistas com a publicidade do movimento e a inserção do seu trabalho na indústria cultural.

Ao contrário de grande parte dos jovens compositores (uma espécie de *intelligentsia* da música popular brasileira) daquela época, Gilberto Gil e Caetano Veloso não compartilhavam das concepções

---
54. FAVARETTO, Celso F. *Tropicália: alegoria, alegria*, São Paulo, Kairós, 1979, p. 9 -10.

ideológicas vigentes naquele período. Prevalecia com grande prestígio, especialmente entre os jovens compositores de esquerda, o conceito adorniano de indústria cultural, segundo o qual essa indústria dilui o valor da obra de arte, transformando-a em mero produto comercial. Assim, a indústria da canção, um dos principais segmentos da indústria cultural, teria como principal objetivo não o discurso de contestação do *establishment*, mas o crescente objetivo pelo lucro.

Se, por um lado, este comportamento aparentemente apolítico incomodava boa parte da esquerda brasileira, de outra parte, um grupo mais moderado e intelectualizado conseguia enxergar a denúncia política, o atraso, as contradições e o subdesenvolvimento do nosso país nas canções tropicalistas. Apenas como exemplo, vale lembrar de *Tropicália* (Caetano Veloso) e *Geléia geral* (Gilberto Gil). No fim do ano de 1968, Caetano Veloso anunciava o fim do tropicalismo. Ele o considerava historicamente sepultado. Para isso, usou um revólver em uma cena muito bem humorada.

Diante das câmeras de televisão e cantando a música *Anoitecer,* de Assis Valente, Caetano deu adeus ao tropicalismo. Esse movimento, de fato, completaria seu ciclo, mas as idéias por ele difundidas permanecerão em nossa cultura.

Carlos Fajardo

VIII

O Exército avança

O 3º Festival da MPB da TV Record foi realizado em outubro de 1967, durante o governo Costa e Silva. O quadro político do país radicalizava-se cada vez mais. A guerra de guerrilhas organizada pelo Partido Comunista do Brasil ocupou a Serra do Araguaia, com aproximadamente 7 mil militantes. As Forças Armadas articulavam sua estratégia para desbaratá-la, enquanto outras manifestações contra o autoritarismo proliferavam por todo o país. Os militares da "linha dura" partiram para o enfrentamento direto contra trabalhadores, estudantes e outros segmentos da sociedade. Os protestos, revestidos de exigências e reivindicações trabalhistas, incluíam ainda fortes contestações ao regime. Em março de 1968, a esquerda brasileira passaria para a tática da guerrilha urbana. A ALN – Aliança Libertadora Nacional, fundada por Carlos Marighella, dissidente do PCB, explodiu uma bomba no consulado americano em São Paulo. O governo, formado por ministros militares da "linha dura", se reuniu com o presidente Costa e Silva. A situação era preocupante, mas o ministro do Exército, general Lyra Tavares, o menos radical entre os militares, ponderou sobre qualquer decisão para o confronto direto. Embora não fosse militar, o ministro da Justiça Gama e Silva, era a favor de que as Forças Armadas iniciassem a "varredura do comunismo" no Brasil. A essa altura, o Congresso Nacional já não tinha mais força política para legislar. Sua função, de fato, era permanecer aberto apenas para legitimar a tirania e os desmandos de um governo militar que reinava soberano. Os partidos políticos estavam extintos e desarticulados. O bipartidarismo era mera formalidade para simular uma legalidade que não existia. Assim, o país ficaria à mercê das decisões insensatas de homens cobertos de estrelas nos ombros, que só aprenderam a dar ordens, jamais a ouvir e dialogar. Se o país já vivia uma guerra política, agora se preparava para o combate, para a belicosidade. A frente ampla formada em Montevidéu por Juscelino, Jango e Carlos Lacerda (este último por mero oportunismo político) ainda tentaria lutar pela redemocratização do país, tendo como forte argumento o respeito à Constituição e os direitos dos trabalhadores. Resultou inútil. Estamos em março de 1968, as mobilizações contra as arbitrariedades do governo ganharam as ruas.

Foi um ano conturbado em todo o mundo, e aqui abro um rápido parêntese para comentar esses acontecimentos. A opinião pública norte-americana passou a pressionar o governo para se retirar do Vietnã. Os americanos começam a perder a guerra dentro de casa. Milhares de jovens iam para a frente da Casa Branca exigir o fim dos conflitos. Antes disso, já havia ocorrido outra manifestação com meio milhão de pessoas no Central Park. Recentemente, o filme de Robert Zemeckia, *Forrest Gump*, mostrou as reivindicações e a forma bem original de protestar desses jovens. Estávamos vivendo os tempos do movimento *hippie* e da contracultura, muito bem analisados pelo filósofo Theodor Roszak. Esse foi o ano da luta da liberdade contra a repressão, a insegurança e o medo. Uma geração de jovens corajosos e ávidos pela justiça, pelos direitos humanos, se manifestou insatisfeita em diversas partes do mundo. Na Europa, aconteceu a Primavera de Praga e Alexander Dubcek tornou-se secretário do PC na Tchecoslováquia. Isso significava certo distanciamento de Moscou. Em agosto, a União Soviética invadiu Praga, derrubou o governo e prendeu Dubcek.

Em diversas cidades européias – Nanterre, Milão, Roma, Londres, Madri e Varsóvia – ocorreram manifestações de estudantes em apoio ao Vietnã. Em maio, ocorreu o maior e mais contundente acontecimento político do continente europeu. A Universidade de Sorbonne foi ocupada pelos estudantes, liderados por Daniel Cohn Bendit e Renato Sauvageot. Eles organizaram uma grande passeata com trabalhadores e a participação de um milhão de pessoas ocupando as ruas de Paris. O governo de Charles de Gaulle sentiu a força dos estudantes e trabalhadores e reagiu.

Em novembro desse ano, Richard Nixon elegeu-se presidente dos Estados Unidos, mas não terminaria seu mandato. Ele seria obrigado a renunciar pelas falcatruas de seu governo, denunciadas no que ficou conhecido como o Caso Watergate.

O grande acontecimento da "civilização *hippie*" teria seu ápice na cidadezinha de Woodstock. Jovens de todas as partes do mundo se encontrariam para festejar a paz, o amor, a harmonia e a vida. Os melhores ingredientes estavam lá: muita música da melhor qualidade. Jimi Hendrix, Joe Coker, entre outros, embalavam, ao som das suas guitarras, o sonho de liberdade daquela multidão de jovens que desejavam o amor livre, a viagem alucinante para algum lugar extraordinário, deslumbrante, ou para o nada. Na América Latina, o quadro político era muito semelhante ao do Brasil. No Peru, por exemplo, os militares, liderados pelo general Velasco Alvorado, derrubaram o governo democrático e instalaram-se no poder. Nada diferente do que ocorrera no Brasil em 1964.

Por aqui, aumentavam os protestos, as greves de trabalhadores (a de Contagem, em Minas Gerais, e a de Osasco, em São Paulo, foram bem significativas), os assaltos a bancos com o argumento de arrecadar dinheiro para a "revolução do povo" e as manifestações públicas de repúdio ao governo militar. A extinta UNE, ao lado de sindicatos de trabalhadores, organizavam ocupações de fábricas para realizar o que se chamava de "conscientização" política. Algo semelhante ocorria também em países como Guatemala, Peru, Colômbia e Venezuela. A prática de aliança entre estudantes e trabalhadores se fez simultaneamente nesses países.

Em 28 de março de 1968, em mais um protesto de rua, um policial militar matou o estudante secundário Edson Luís de Lima Souto. Essa foi a primeira morte, outras viriam a seguir. A manifestação aparentemente não tinha conotação política. Era mais uma reclamação pública contra a baixa qualidade das refeições para os estudantes do Restaurante Calabouço, subvencionado pelo governo. A morte de Edson Luís teve grande repercussão nacional. Diversas entidades se reuniram para cobrar explicações pela truculência da polícia militar, que redundou em morte. Os estudantes, apoiados por diversos segmentos da sociedade, saíram em passeata carregando o corpo de seu colega assassinado. A imagem comoveu o país. Nessa ocasião, o cantor e compositor Sérgio Ricardo fez uma canção intitulada *Calabouço,* com o objetivo de homenagear o estudante morto. Sua execução foi proibida, mas, mesmo assim, o cantor a interpretava parcialmente (especialmente os refrões) em shows que fazia pelas universidades em todo o país. O texto poético é longo, mas convém registrá-lo por dois motivos: para que todos nós o conheçamos, uma vez naquela ocasião a censura não nos deixou conhecer, mas também para registrar na memória da cultura musical brasileira e não deixar que se perca nos baús de documentos, que talvez nunca sejam pesquisados.

Calabouço

Olho aberto ouvido atento
E a cabeça no lugar
Do canto da boca escorre
Metade do meu cantar
Eis o lixo do meu canto
Que é permitido escutar

Olha o vazio nas almas
Olha um violeiro de alma vazia

Cerradas as portas do mundo
E decepada a canção
Metade com sete chaves

O Exército avança

Nas grades do meu porão
A outra se gangrenando
Na chaga do meu refrão

Cala o peito cala o beiço
Calabouço, calabouço
Olha o vazio nas almas
Olha um violeiro de alma vazia

Mulata mula mulambo
Milícia morte e mourão
Onde amargo a meia espera
Cercada de assombração
Seu meio corpo apoiado
No bagaço da canção

Cala o peito...

Meia dor meia alegria
Nem rosa, nem flor, botão meio pavor, meia euforia
Meia cama meio caixão
Da cana caiana eu canto
Só o abraço da canção

Cala o peito...

As paredes de um inseto
Me vestem como a um cabide
E na lama de seu corpo
Vou por onde ele decide
Metade se esverdeando
No limbo do meu revide

Cala o peito...

Quem canta traz um motivo
Que se explica no cantar
Meu canto é filho de Aquiles
Também tem seu calcanhar
Por isso o verso é a bílis
Do que eu queria explicar

Cala o peito...

Das Minas Gerais viria outra homenagem ao estudante morto Edson Luís. Milton Nascimento e Ronaldo Bastos, integrantes do *Clube da Esquina*, compuseram a canção o *Menino*, mas não a gravaram naquela ocasião. Ela só seria gravada alguns anos depois. Vejamos a letra:

Menino

Quem cala sobre teu corpo
Consente na tua morte
Talhada a ferro e fogo
Na profundeza do Corte
Que a bala traçou no peito
Quem calou morre contigo
Mais morto que estás agora

Essa gravação de Milton Nascimento é bastante rara. O motivo talvez seja por causa da censura. Em todo caso, não há nenhum registro nesse sentido. No filme de Silvio Tendler intitulado *Jango*, realizado em 1983, há um registro sonoro dessa canção, mas não completo. Bem mais tarde, Milton Nascimento e Wagner Tiso voltam a homenagear o estudante Edson Luís, compondo *Coração de Estudante*, justamente para a trilha sonora de *Jango*. Em 1985, quando morre Tancredo Neves, essa música foi exaustivamente tocada durante os funerais do presidente. Com isso, ela ficou na memória coletiva dos brasileiros como uma canção que lembra a grande perda do primeiro presidente civil eleito após o período de autoritarismo militar. Tornou-se uma canção melancólica, com forte sentido de perda. Aliás, ela nasceu já com esta conotação para homenagear Edson Luís. Só depois tornou-se trilha sonora de *Jango* e dos funerais de Tancredo. Só poderia mesmo nos conduzir à melancolia.

A morte no restaurante Calabouço tornou ainda mais tenso o cenário político. Os militares ficaram com a imagem arranhada junto à opinião pública. A grande imprensa, até onde foi possível (a censura já estava agindo), condenou a truculência policial. Tornavam-se sistemáticos os protestos de rua, os comícios relâmpagos dos estudantes denunciando a violência.

Todos os meses desse ano de 1968, aconteceriam pelo menos dois ou mais fatos políticos dessa luta entre militares, estudantes e trabalhadores. A situação opressiva a que chegou o país levou milhares de pessoas, dos mais diversos segmentos da sociedade, a participarem, no Rio de Janeiro, da "passeata dos cem mil". Nesse momento, o governo teve a prova real de que não apenas os estudantes e os operários estavam insatisfeitos com a falta de democracia e de liberdade de expressão. Representantes das mais diversas categorias profissionais estavam presentes na grande marcha contra o governo militar. Essa foi a maior manifestação já registrada em todos os confrontos em defesa da sociedade quase amordaçada pela força. A Igreja Católica, os estudantes e artistas, encarregaram-se de organizar a "passeata dos cem mil". Em 21 de junho, cinco dias antes desse evento em conflito de rua, a polícia militar mataria mais quatro pessoas deixando ainda vinte baleados.

De outra parte, a VPR lança uma bomba contra o Quartel General do II Exército, matando um soldado. Já não havia mais diálogo, prevalecia a insensatez de ambas as partes em uma luta, em uma "guerra de cegos, surdos e mudos", onde só o país perderia. Sentindo-se acuado pela força da grande passeata, o governo Costa e Silva reagiu, proibindo novas manifestações públicas e ameaçando o país com o estado de sítio. O general Emílio Garratazu Médici, comandante do III Exército, reiterou as ameaças do presidente e também pediu estado de sítio.

As organizações de resistência passariam a reagir como se nenhuma ameaça dessa magnitude tivesse sido feita. No Teatro de Arena, em São Paulo, organizou-se um espetáculo essencialmente político. Dirigidos por Chico de Assis, Toquinho e Nanini acompanhavam o cantor e compositor Sérgio Ricardo, que comentava as notícias dos jornais, entremeadas por suas canções. Uma delas chama-se *Aleluia* e homenageia Ernesto "Che" Guevara, assassinado em outubro de 1967, na Bolívia, pelas forças americanas e bolivianas. A polícia paulista interveio no Teatro de Arena e a censura não permitiu mais que *Aleluia* fosse interpretada no espetáculo. A música de Sérgio Ricardo chegou a ser gravada, mas os discos foram recolhidos antes da distribuição para venda ao público. Isso tornou a canção praticamente desconhecida e, por isso mesmo, vale a pena fazer o registro do seu texto poético na íntegra:

Aleluia

Che, eu creio no teu canto
Como um manto em minha dor
E que todo desencanto
Seja ressuscitador
Vejo o mundo dividido
Contemplando o reviver
Da esperança que morria
No silêncio do teu ser

Che, eu creio que seja eterna
Esta rosa agreste e branca
Brotada no teu sorriso
Que nem mesmo a morte arranca
E que seja em tua estrada
Outro irmão com tua mão
Com teu fuzil retomado
Com teu risco e decisão

Che, eu creio em tua volta
Sem dar muita explicação
Como a folha vai no vento
Como a chuva no sertão
Ouça a América cantando
Novamente o canto teu
Espalhando pelos campos
A morte que não se deu

Che Guevara não morreu
Aleluia!

O Exército avança

Aos olhos da sociedade as forças repressivas oficiais não agiam. A responsabilidade ficava por conta da organização paramilitar CCC – Comando de Caça aos Comunistas. Foi o que aconteceu, por exemplo, com a peça *Roda viva*, de Chico Buarque, dirigida por José Celso Martinez Corrêa. Durante o espetáculo, membros do CCC invadiram o teatro, espancaram atores, espectadores, foram embora e nem sequer foram procurados pela polícia, embora tenham sido reconhecidos. A essa altura, estávamos em julho de 1968. Falava-se do sumiço de pessoas presas pela polícia política, mas o Estado não dava qualquer explicação ou resposta. A prática de tortura, a mais sórdida atitude que se pode ter contra uma pessoa, era instrumento usado pelas forças "linha dura" do Exército.

Um acalorado pronunciamento - denúncia feito pelo deputado Márcio Moreira Alves na Câmara, em Brasília, contra a tortura, pegou forte nas Forças Armadas. Em uma parte do seu discurso, o deputado faz algumas perguntas: "Quando pararão as tropas de metralhar na rua o povo? Quando uma bota, arrebentando uma porta de laboratório, deixará de ser a proposta de reforma universitária do governo? Quando teremos, como pais, ao ver nossos filhos saírem para a escola, a certeza de que eles não voltarão carregados em uma padiola, esbordoados ou metralhados? [...] Quando não será o exército um valhacouto de torturadores?"[55]

Se, por um lado, o governo militar mantinha o Congresso aberto apenas para legitimar oficialmente o exercício do seu poder (ele também tinha maioria), algumas vezes havia resistência de alguns parlamentares, que decidiam enfrentar o autoritarismo do Poder Executivo. Foi o caso de Márcio Moreira Alves, que prestou um grande serviço à democracia do nosso país com essa denúncia, muito embora, logo em seguida, viesse a vingança dos militares. O

---

55. COUTO, Ronaldo Costa. Op. cit., p. 94.

governo solicitou à Câmara dos Deputados licença para processar Márcio Moreira Alves.

Diante de tantos desmandos, até os deputados pró-governo não apoiaram o pedido. Na verdade, se pensarmos bem, o deputado Márcio foi um pouco *bode expiatório* de uma vontade que os militares queriam concretizar. Um pouco antes, em outubro, um grupo de militantes da VPR matou o capitão norte-americano Charles Chandler em São Paulo e mais de novecentos estudantes foram presos em Congresso que a UNE realizava em Ibiúna. Um grave conflito, que resultou em morte, marcou a violência política mais uma vez naquele ano. "Estudantes da Faculdade de Filosofia da USP e da Universidade Mackenzie, prédios vizinhos, fazendo da rua Maria Antônia campo de guerra. Tiroteios, bombas disparadas de um lado para o outro. Morre o estudante secundarista José Guimarães. O prédio da USP é incendiado e quase destruído."[56]

A essa altura, o governo já havia articulado tudo para dar o "golpe de misericórdia" na democracia brasileira. Pela 43ª vez, o presidente Costa e Silva reuniu o Conselho de Segurança Nacional, para analisar a situação política do país e da posição do Congresso, em negar a licença para processar o deputado Márcio Moreira Alves. Dos 24 membros do Conselho, 23 concordaram em reagir à crise política com um ato institucional mais restritivo que os anteriores. Apenas o vice-presidente Pedro Aleixo, um civil e sem nenhuma força política, não concordou. Seus argumentos foram os mais honestos e democráticos possíveis. Ele insistia contra os outros 23 membros, que o governo tinha a obrigação de respeitar a Constituição de 1967 e, portanto, qualquer ato que a desrespeitasse, ele não poderia apoiar ou com ele concordar. A atitude do ministro Gama e Silva foi lamentável. Passou a fazer chacota das palavras do vice-presidente em plena reunião do Conselho.

---

56. COUTO, Ronaldo Costa. Op. cit., p. 92.

O resultado não poderia ser outro. O presidente Costa e Silva fechou o Congresso por tempo indeterminado e criou o Ato Institucional n° 5, a 13 de dezembro de 1968. Com essa atitude, tudo ficou muito claro. A partir desse momento, o governo não iria mais tolerar manifestações contra suas decisões e sua administração em contestação ao Estado sem que houvesse a punição imediata. Com o Congresso fechado a Constituição também ficaria de lado e vilipendiada. Como a vigência do AI-5 era indefinida, a sociedade, a imprensa, os políticos e outras entidades ficariam atônitas, sem saber o que fazer ou como proceder diante de tamanho impacto. Estava consolidado o golpe de 1964. As alternativas de reversão do quadro político se esmaeciam, pelo menos a curto prazo. Como diz o professor Boris Fausto, "o AI-5 foi o instrumento de uma revolução dentro da revolução ou de uma contra-revolução dentro da contra-revolução. Ao contrário dos Atos anteriores, não tinha prazo de vigência"[57].

Visto de fora e sem um estudo mais minucioso, o AI-5 já não era suportável a quem desejava viver em uma democracia. Mas, se analisarmos suas sutilezas, em seus meandros, notamos que a liberdade de discordar das decisões do Estado foi simplesmente banida da prática da ação política em nosso país. Dentro da legalidade (é incrível, mas os militares "linha dura" ainda usavam essa palavra) só havia duas alternativas: manter o silêncio e, conseqüentemente, endossar a terrível repressão que se abateu sobre a sociedade, ou concordar com o AI-5. Diversos grupos armados preferiam o caminho mais insensato: intensificar a luta armada para derrubar os militares do poder. Essa opção não deu certo. Traumatizou o país, sacrificou muitas vidas de ambos os lados (forças do governo e guerrilheiros) e, o que foi pior, ajudou a prolongar a permanência dos militares no

---

57. FAUSTO, Boris. Op. cit., p. 265.

poder. O governo, ao criar o AI-5, foi implacável com seus inimigos. Era esta palavra que o próprio governo usava, para se referir aos seus adversários políticos. Como já registrei antes, foi o mais abrangente de todos eles. Não havia nenhuma chance de se realizar manifestação pública de protesto dentro da legalidade. Até porque o próprio governo havia se posto na ilegalidade. Vejamos, nas palavras de Costa Couto, os efeitos do novo Ato Institucional do Poder Executivo: "Com o AI-5, o presidente da República pode tudo: estipular unilateralmente medidas repressivas específicas; decretar o recesso do Congresso, das assembléias estaduais e câmaras municipais; intervir nos estados e municípios. Pode censurar a imprensa, suspender direitos e garantias dos magistrados, cancelar *habeas-corpus*, cassar mandatos e direitos políticos, limitar garantias individuais, dispensar e aposentar servidores públicos"[58]. Como se vê nas palavras do autor, "o presidente da República pode tudo". E podia mesmo. Com a censura, a imprensa foi atingida de frente.

    O ensino brasileiro em geral, mas as universidades, especialmente, perdeu grandes pesquisadores e professores, que foram compulsoriamente aposentados por força do AI-5. Na Universidade de São Paulo, por exemplo, foram os casos de Mário Schemberg, Florestan Fernandes, Fernandes Henrique Cardoso, Octávio Ianni, entre tantos outros. As perseguições políticas se estenderiam aos estudantes e funcionários públicos, com a realização de novas prisões. A polícia federal passaria a invadir as emissoras de rádio, televisão e as redações de jornais. As celas do antigo DOPS ficaram repletas de presos, sem que se pudesse noticiar nada a respeito. Os jornais só poderiam circular após passar pelo crivo da censura. Em frente ao Teatro Municipal do Rio de Janeiro, os transeuntes presenciaram uma cena patética e grotesca. O ex-presidente Juscelino, enquanto recebia aplausos de algumas pessoas era, ao mesmo tempo, preso por militares por determinação do governo federal.

---

58. COUTO, Ronaldo Costa. Op. cit., p. 96.

O Exército avança

Com a implantação do AI-5, o acirramento da violência chegou a níveis de uma guerra civil não deflagrada. A linha dura militar invadia residências, escritórios, ou qualquer outra coisa que considerasse necessária. Nada se podia fazer contra os desmandos do governo militar. A bem da verdade, havia uma parte da população que não contestava as decisões políticas vigentes. Ou porque não estava suficientemente informada, ou ainda porque a economia do país melhorava sensivelmente, com o aumento da oferta de emprego, da produção industrial e das exportações. Era o início do chamado "milagre brasileiro". De outra parte, o ano de 1968 registrava uma melancólica estatística: nada menos que doze pessoas morreriam em manifestações de rua. A esquerda armada matou seis militares e dois civis e se falava em grande número de tortura a presos políticos. Os festivais de música popular continuavam com grande prestígio. Uma parcela da alta classe média mais intelectualizada, estudantes secundários, universitários e outros segmentos da sociedade viam, nesses eventos, talvez a única oportunidade para protestar publicamente contra a tirania do Estado. Não por acaso, o 3º Festival Internacional da Canção de 1968 classificaria as músicas *Sabiá*, de Chico Buarque e Tom Jobim, e *Pra não dizer que não falei de flores*, de Geraldo Vandré. Esta última, aliás, atravessou o tempo e hoje é uma espécie de "hino" da juventude mais politizada que deseja protestar, mas também do MST – Movimento dos Sem-Terra.

A canção de Geraldo Vandré já é muito conhecida e não há necessidade de reproduzi-la. De qualquer modo, convém destacar alguns aspectos do seu texto poético. Ele inicia propondo a igualdade entre as pessoas e, por decorrência, o fim da sociedade de classes. Nas frases "somos todos iguais, braços dados ou não, nas escolas, nas ruas, campos, construções" reside a proposta. Na segunda estrofe, aparece a má distribuição da riqueza e da produção. Ainda que trabalhando a terra para transformá-la em "grandes plantações", o camponês, mesmo assim, passa fome. Os "indecisos cordões" devem entender que, pelo menos nesse momento, a boa intenção e a palavra (a flor) não podem mais enfrentar as armas dos militares. Em outros termos, a população não pode mais ter dúvida sobre sua ação política contra os desmandos do autoritarismo militar. O soldado, verdadeiro sustentáculo da força bélica do Exército, é uma espécie de inocente útil e só faz o que lhe é ordenado. Sem consciência de nada. Para Geraldo Vandré, "quase todos perdidos de arma na mão". Aprenderam ainda, dentro dos quartéis, uma velha lição: "de morrer pela pátria e viver sem razão". Em qualquer lugar em que estivermos, "nas escolas, nas ruas, campos, construções", deveremos ser "soldados, armados ou não", em defesa da justiça social. Afinal, "somos todos iguais, braços dados ou não". A convicção de que devemos transformar a sociedade não nos é dada aleatoriamente. Ela vem da História construída pelo homem até hoje. Por isso devemos caminhar sempre, com "a certeza na frente, a História na mão".

O refrão encontrado por Geraldo Vandré não poderia ser mais apropriado para o momento político que vivia nosso país. Somado a todos os problemas do nosso subdesenvolvimento, nos vemos então diante do cerceamento da liberdade. A fome, a pobreza, o desemprego, a morte prematura e a injustiça social, já não podem mais ser denunciados. Não há mais como protestar sem enfrentar a força repressora do Estado. Por isso mesmo é que a canção conclama por nove vezes com o seguinte refrão:

> Vem, vamos embora que esperar não é saber
> Quem sabe faz a hora não espera acontecer.

Diante de um contexto sóciopolítico desolador não é mais possível esperar. É indispensável agir, invoca a primeira frase do refrão. Se estamos conscientes da necessidade de transformar o país, de fazermos prevalecer a justiça social e se a História nos mostra que este é o caminho, não temos por que esperar. "Quem sabe faz a hora não espera acontecer". Estava esboçada no texto poético, a conclamação para tomar o poder, ainda que fosse pela luta armada. Não por acaso, também, o grande público do Maracanãzinho viveu momentos de verdadeiro êxtase coletivo. Não se sabia o que poderia ocorrer no final do espetáculo, se a repressão estaria presente ou não.

O grande apelo emocional dos versos de Vandré mostrava a todo o público que liberdade e justiça social se conquista. Não tem sentido, nesse contexto sociopolítico, esperar que ela aconteça por decisão do Estado. A função emotiva da linguagem, como mostra Roman Jakobson[59], era preponderante nesse momento. No "calor da hora" aceitava-se a luta armada, as bombas, os seqüestros, a expropriação a bancos para financiar a revolução e até as execuções de agentes dos órgãos de repressão. O momento era esse. A guerrilha urbana se fazia presente nas principais cidades do país. A violência de ambas as partes deixava o cidadão comum no meio do fogo cruzado e em pânico, torcendo para que uma bala não o achasse. Era possível compreender os motivos de ambos os lados, tanto dos defensores da luta armada quanto do Estado repressor. Afinal, tratava-se de uma luta político-ideológica, mas que, para infelicidade do país, descambou para a barbárie.

Hoje, passados trinta e sete anos e com o distanciamento que o tempo e a própria história nos dão, é possível ver aquele momento com outros olhos. Tanto é assim que grande parte das personagens militantes daquela época, de ambos os lados, já fizeram seus pronunciamentos quanto à forma de luta e das suas convicções político-ideológicas. As convicções permanecem (em alguns casos, não), mas a luta armada, a repressão, os seqüestros, a tortura, a morte e outras formas estúpidas de ação política não teriam mais espaço.

---

[59]. O lingüista Jakobson, quando trata da função emotiva da linguagem, mostra que as palavras, nesse momento, têm o objetivo de impactar o destinatário de tal modo que sua sensibilidade e emoções se transportem para a apreciação do fenômeno, ou ainda, de decisões emocionais. JAKOBSON, Roman. *Lingüística e comunicação*, São Paulo, Cultrix, 1998.

No 3º Festival Internacional da Canção a música de Geraldo Vandré ficaria em segundo lugar. A vitória foi de *Sabiá*, de Chico Buarque e Tom Jobim, contra a vontade do público, que vaiava a música e seus autores. Eram tantos apupos que a organização do festival chegou a pensar em não realizar a cerimônia das premiações. Nesse momento, elegantemente, Geraldo Vandré tentou fazer a defesa de Tom Jobim e Chico Buarque. Foi tão vaiado quanto seus colegas. A escolha da grande platéia era política, não era estética nem musical. Vejamos um pequeno trecho do seu discurso:

> Olha, sabe o que eu acho, eu acho uma coisa só mais. Antonio Carlos Jobim e Chico Buarque de Hollanda merecem nosso respeito.
> A nossa função é fazer canções, a função de julgar, nesse instante, é do júri que ali está. (O público vaia incessantemente. Observação nossa) Um momento, por favor... (mais vaias) tem mais uma coisa só. Para vocês que continuam pensando que me apoiam vaiando (mais vaias incontroláveis), gente, gente, por favor, olha, tem uma coisa só: a vida não se resume em festivais...

Há quem veja no texto poético de *Sabiá* uma mensagem política também. Não compartilho dessa idéia, porque não vejo nenhuma alusão ao governo repressor, ou até mesmo a questões político-ideológicas. Talvez se pudesse pensar em uma espécie de paródia à *Canção do exílio*, de Gonçalves Dias, como alude Marcelo Ridenti[60] em seu trabalho bem realizado sobre a política e a cultura brasileira desse período. Ainda assim, é preciso repensar o tema. A reação do público no Maracanãzinho foi, sobretudo, mais um protesto político. Os autores de *Sabiá* nunca foram sintonizados com a radicalização política, muito embora tenham emprestado

---

60. O trabalho de Marcelo Ridenti já foi citado anteriormente. A alusão a que me refiro é feita apenas de passagem, em nota de rodapé, na página 247.

seu prestígio profissional (exaustivamente) e apoio aos grupos que lutavam contra a repressão. Isso é muito diferente de ser politicamente radical. E era isso o que desejava o público do 3º Festival.

Algo muito semelhante aconteceria ainda em 12 de setembro desse ano, em São Paulo, quando Caetano Veloso se apresentou vestido com roupa de plástico para defender sua canção *É proibido proibir*, em mais um festival da nossa música popular. Ao contrário de grande parte dos seus contemporâneos, Caetano sempre deixou claro que seu interesse por política inexistia, Diz ele: "Não me iludo e cansei de dizer que não tenho o menor interesse em política. Na época da faculdade achava esse assunto muito enjoado"[61].

De fato, os inúmeros trabalhos já realizados sobre a obra do cantor e compositor baiano atestam que ela está muito mais voltada para as questões estéticas, de uma arte de transformação e inovação. Isso não elimina, evidentemente, o conteúdo político que possa ter o seu trabalho. Acontece que a grande expectativa era por uma "canção de protesto" ou "música participante" e Caetano não atendeu às expectativas com sua *É proibido proibir*. Sua apresentação visual já não ia ao encontro do comportamento engajado que o público de festival esperava. Vestido com roupa de plástico e requebrando ao ritmo da sua canção, escandalizaria uma platéia de jovens universitários mais interessados (aliás, unicamente) nas palavras de ordem contra o *establishment*.

Caetano foi delirantemente vaiado por uma platéia que se pretendia crítica e politizada. A reação que teve, no entanto, provou não ser, nem uma coisa, nem outra. Augusto de Campos, estudioso da estética da tropicália (ele prefere este termo, em lugar de tropicalismo), nos dá um excelente exemplo sobre a reação do público enquanto

---

61. Entrevista concedida à revista *Manchete* nº 1.109, de 7 de julho de 1972.

Caetano tentava cantar: "Eles se comportavam exatamente como a velha Condessa de Pourtalès, quando da apresentação da *Sagração da primavera* de Stravinski, no Teatro dos Campos Elíseos em Paris, em 1913. Conta Léon Oleggini que houve então 'tempestades de risos, zombarias e protestos'. E que a condessa, ofendidíssima, exclamou, agitando o leque de plumas de avestruz: '– Monsieur Astruc, é a primeira vez, em 60 anos, que alguém se atreve a zombar de mim! Vaiado foi Stravinski, como vaiado foi Schoenberg, em Viena, em 1907, na première de sua *Sinfonia de câmara*, como vaiado foi, antes, Debussy e vaiado seria, depois, em 1954, Eugène Varèse, quando estreou *Déserts*, em Paris. E aí estão quatro dos maiores compositores modernos"[62].

Esse é o típico caso de patrulhamento ideológico, muito freqüente entre os anos 60 e 80. O artista de teatro, de cinema, o cantor, o compositor, o professor, enfim, o profissional que não deixasse muito clara sua posição político-ideológica era colocado sob suspeita. Caetano ainda tentou cantar *É proibido proibir*, mas foi proibido pelas delirantes e incessantes vaias do jovem público universitário. Desistiu e fez um discurso antológico que ficará definitivamente registrado na história político-musical do nosso país. Vale a pena reproduzir alguns fragmentos da fala do cantor diante da jovem platéia universitária:

> Mas é isso que é a juventude que diz que quer tomar o poder!...
> Vocês não estão entendendo nada, nada, nada, absolutamente nada...
> Vocês estão querendo policiar a música brasileira...
> Se vocês em política forem como são em estética, nós estamos feitos...[63]

---
62. CAMPOS, Augusto de. Op. cit., p. 265-266.
63. A íntegra do discurso de Caetano está no CD *A arte de Caetano Veloso*, do selo Philips Polygram.

Caetano e sua música fugiram do lugar-comum, do *déjà-vu*. Não foram entendidos e, por isso, muito injustamente, rechaçados por um público ainda despreparado para compreender uma revolução estética, como propôs o compositor baiano. Se o conteúdo político de *É proibido proibir* não era tão explícito, tão ao gosto do público, como de hábito nos festivais, não caberia a essa mesma platéia assumir atitudes policialescas diante de uma proposta revolucionária do ponto de vista artístico e estético. Até porque o que Caetano estava apresentando não ia contra os anseios e ideais políticos da platéia e de todo o movimento da esquerda naquela ocasião. A única diferença, é que não continha o radicalismo político vigente especialmente no ambiente dos festivais.

Em outros termos, ele não seguiu a velha e desgastada fórmula desses eventos musicais, ou seja, não procurou fazer um tipo de canção que fosse ao encontro de tudo aquilo que aquela jovem platéia desejava. Nem sempre o gosto coletivo tem razão e precisa ser seguido ou satisfeito a qualquer custo. Se "todo artista tem de ir aonde o povo está", como diz a canção *Nos bailes da vida*, de Milton Nascimento e Fernando Brant, isso é certo e é sua função. O que não é imprescindível é ter a obrigação de agradá-lo a qualquer custo. No caso específico de Caetano, ao custo da sua própria criatividade. Se ele assim o fizesse, isto é, repetisse exatamente o que o público já esperava inconscientemente, estaria oferecendo aquilo que Umberto Eco certa ocasião chamou de "música gastronômica": ouve-se e "digere-se" em um processo linear de automatização imperceptível.

Nesse caso, sim, ele resvalaria para uma postura política da mesmice, repetindo tudo o que já foi repetido para uma platéia ávida pela repetição. Caetano se negou a fazer isso, o que deve ser visto como uma posição ética e profissional louvável. Em seu discurso à platéia do Tuca – Teatro da Universidade Católica, em certo momento, ele assumiu uma posição política extremamente corajosa, mas pouco comentada. Sob vaias ensurdecedoras e diante de um público, naquele momento, tão descontrolado quanto o próprio cantor, ele diz: "Hoje eu vim dizer aqui que quem teve coragem de assumir a estrutura de festival, não com o medo que o senhor Chico de Assis pediu, mas com coragem, quem teve essa coragem de assumir essa estrutura e fazê-la explodir foi Gilberto Gil e fui eu..." Ora, se não é uma postura política que questione o Estado autoritário, o *establishment*, ou pregue a luta de classes, ela questiona uma estrutura já viciada nos festivais de música popular, que se repetia desde 1965. Consistia em não violar o código entre o emissor (cantor) e o receptor (o público), mantendo a redundância e a previsibilidade.

Pois bem, Caetano não fez nada disso e violou a previsibilidade. Não aceitou a redundância e introduziu um comportamento cênico e uma canção esteticamente inovadora. Esse foi o real motivo da reação irada, quase irracional do jovem público que assistia ao festival. Não entendeu a mensagem, porque ela não foi ao encontro do código previsível do ouvinte e espectador dos festivais. A roupa de plástico, sons e ruídos musicais, a guitarra elétrica em um festival de música popular brasileira, o requebro do cantor não faziam parte desse código. Ele havia sido rompido exatamente quando a platéia esperava o *déjà-vu,* como nos festivais anteriores. Em face do comportamento quase delinqüente da platéia, chegou-se a comentar, na época, que se tratava de um grupo de simpatizantes do CCC – Comando de Caça aos Comunistas (organização fascista e muito violenta). Ele teria ido assistir Caetano cantar sua música com o objetivo precípuo de tumultuar e desmoralizar o cantor. As opiniões se dividiram a esse respeito.

De qualquer modo, o CCC não costumava protestar apenas com vaia e verbo. Eles partiam para a agressão física com a maior facilidade e de forma avassaladora. Usavam barras de ferro, soco inglês e ácido corrosivo, entre outras coisas, para atacar quem considerassem comunista. Queriam ser reconhecidos como anticomunistas, mas seu perfil era de bandidos, mesmo. Em seu discurso, Caetano Veloso chegou a comparar o comportamento de quem o vaiava com o de um grupo do CCC que invadiu o teatro onde estava sendo apresentada a peça *Roda viva* para espancar atores, espectadores e quebrar as instalações do teatro. Vejamos o que ele diz: "Vocês são iguais sabem a quem? Àqueles que foram à *Roda viva* e espancaram os atores. Vocês não diferem em nada deles, vocês não diferem em nada..." Assim, o grande acontecimento do 3º Festival em São Paulo ficou mesmo por conta desse incidente feliz para a música popular brasileira. A mesmice já havia perdido espaço com *Alegria, alegria* e *Domingo no parque*, em 1967, e no 2º Festival da TV Record ficaria ainda mais esquálida depois de *É proibido proibir*.

Se, no plano cultural, a música popular ainda mobilizava um razoável número de pessoas, especialmente da classe média universitária, de outra parte, a participação popular na política nacional era quase nula. O Ato Institucional nº 5 não mudaria em quase nada o cotidiano da sociedade brasileira. As restrições políticas e jurídicas, na prática, não foram percebidas pela maioria do povo brasileiro. Sem um nível mínimo de politização permaneceu indiferente e desinformada.

O grande acontecimento que realmente chegou a todos foi a isquemia cerebral que Costa e Silva sofreu em 27 de agosto de 1969, não retornando mais à presidência da República. Aliás, nem o seu vice-presidente Pedro Aleixo que, de acordo com nossa Constituição, deveria naturalmente substituí-lo. Assumiria em seu lugar, uma Junta Militar em caráter provisório, até a recuperação do presidente. Como isso não aconteceu, os senhores da Junta, Lyra Tavares, Augusto Rademaker e Márcio de Souza e Mello, decidiram por eleição entre o Alto Comando das Forças Armadas e elegeram o general Emílio

Gorrastazu Médici. Antes disso, porém, a própria Junta Militar tomou medidas ainda mais restritivas, enrijeceu as relações com a sociedade e criou diversas emendas à Constituição de 1967. Determinou que o Congresso nacional se reuniria para reiterar o nome do general Médici à presidência da República. Uma das mais autoritárias decisões tomadas pela Junta estabelecia a deportação de qualquer cidadão brasileiro que colocasse em risco a segurança do país. Era isso o que estabelecia o AI-13 de 8 de setembro. No dia seguinte, criou-se o AI-14, instituindo a pena de morte e a prisão perpétua para os casos de comprovada subversão política. É bom deixar claro que a pena de morte e a prisão perpétua nunca foram efetivamente aplicadas oficialmente. Os prisioneiros considerados de fato "perigosos" eram torturados até a morte, mas quase sempre o laudo oficial apontava suicídio. Todas essas medidas extremas tomadas pelo governo não inibiriam a luta armada da esquerda, que passaria a seqüestrar autoridades estrangeiras no Brasil. Foi o caso, por exemplo, do embaixador americano Charles Burke Elbrick. Após um período de negociações entre os seqüestradores e o governo (foi obrigado a negociar para evitar a morte do embaixador), quinze prisioneiros políticos foram libertados e mandados para o exterior. O embaixador foi libertado.

A tática de seqüestros em troca da liberdade de prisioneiros políticos continuaria. Só em 1970, foram seqüestrados Nobuo Okuchi, cônsul do Japão, trocado por cinco prisioneiros Ehrenfried von Holleben, embaixador da Alemanha Ocidental, trocado por quarenta prisioneiros; e Giovani Enrico Bucher, embaixador da Suíça, trocado por setenta prisioneiros. Com o gigantesco esquema de caça e repressão à guerrilha, as forças de segurança do país conseguiram, até 1971, miminizar as atividades dos guerrilheiros. A maioria foi dominada. Alguns permaneceram presos, outros desapareceram, foram mortos ou deportados do país. Esse quadro mostra, sobretudo, que a esquerda radical do país não estava suficientemente preparada para realizar seu projeto de guerrilha urbana e tomar o poder como pretendia. Houve sérios erros de avaliação. O primeiro, foi contar com a adesão de parte da população. Isso não só não aconteceu, como não houve nenhum apoio substancial que mereça destaque. Acreditar no chamado trabalho de "conscientização" junto às populações excluídas do processo econômico foi uma ingenuidade de amador. Elas estavam muito mais interessadas em comer para sobreviver, do que na revolução comunista para transformar o país.

O que poderia ser um apoio à guerrilha, se tornaria instrumento de informação das forças repressoras. Não foram poucos os casos em que o cidadão comum informava à polícia sobre a concentração de "pessoas estranhas" em determinados povoados ou lugares ermos. O capitão Carlos Lamarca não teria sido assassinado em 1971, no Sertão baiano, se a polícia não tivesse recebido informações de pessoas próximas do lugar onde estava tentando sobreviver. E, nesse caso, nem se pode falar em delação dessas pessoas. Esse ato implica, necessariamente, uma acusação secreta. Não se trata disso, evidentemente. As pessoas nem sabiam do que se tratava; só compreendiam que a polícia (portanto, a lei) estava à procura de uma pessoa foragida. O segundo erro implica novamente uma avaliação. Os grupos guerrilheiros subestimaram a eficiência da repressão, que se espalharia por todas as regiões, impondo seguidas derrotas aos núcleos da luta armada. Sobreviveu a guerrilha rural do Partido Comunista do Brasil, instalada na região do rio Araguaia, estado do Pará, até 1975, quando as Forças Armadas conseguiram liquidar e prender uma parte dos guerrilheiros. Há pouco registro público desses acontecimentos. Essa era uma época em que a censura agia em todos os veículos de comunicação do país. Só recentemente, durante o governo de Fernando Henrique Cardoso, com a abertura de uma parte dos arquivos do DOPS, é que se tem um quadro mais claro (ou menos nebuloso) desse período melancólico da história política do Brasil. Se, de uma parte, o sonho guerrilheiro chegava ao fim, de outro lado, a população brasileira não tomava conhecimento desses fatos, por duplo motivo. O primeiro, como esclareci agora mesmo, a censura abafava tudo o que não interessava ao governo. Foi o caso, por exemplo, do assassinato de Carlos Marighella, em novembro de 1969, em São Paulo. O segundo motivo era mesmo a falta de interesse. Nossa sociedade sempre foi despolitizada. Acima das lutas político-ideológicas, que sempre implicam a permanência, o aperfeiçoamento ou o fim da democracia, a população brasileira tem participado, mas ainda de forma muito tímida. Alguns segmentos da sociedade é que participam realmente. A grande preocupação da maioria tem sido mesmo com a sobrevivência do cotidiano. Quando Lula ainda não era presidente, em 1997, deu um depoimento bastante significativo para o historiador Ronaldo Costa Couto sobre a tomada do poder pelos militares: "Quando houve o 31 de março, eu tinha exatamente 18 anos de idade. Trabalhava na Metalúrgica Independência. E eu achava que o golpe era uma coisa boa. Eu trabalhava junto com várias pessoas de idade. E, para essas pessoas, o Exército era uma instituição de muita credibilidade, como se fosse uma coisa sagrada, uma coisa intocável. O Exército era uma coisa que poderia consertar o Brasil.[...] Essa era a visão que eu tinha na época do golpe militar. Na minha casa, a minha mãe escutava o rádio e dizia: 'O Exército vai consertar o Brasil. Agora nós vamos melhorar'. Era essa visão. Pelo menos a parte mais pobre da população que não tinha consciência política tinha essa idéia"[64].

De fato, o depoimento de Lula, além de bastante esclarecedor, tem o mérito da objetividade que não deixa dúvidas. O Exército sempre passou mesmo à população a imagem de grande respeito e

---
64. COUTO, Ronaldo Costa. Op. cit., p. 99.

credibilidade. Esta, por sua vez, sempre quis se sentir protegida pela figura da autoridade máxima, isto é, do presidente da República. Não por acaso, durante os anos 1930, 1940 e 1950, Getúlio Vargas era visto pela população como o "pai dos pobres". Assim, esse depoimento do jovem adolescente Lula mostra uma situação de mais de quarenta anos atrás, que permanece quase inalterada. A consciência política em nossa sociedade está muito distante de chegar a um nível razoável.

Nem mesmo a força da religião católica, personificada na figura do papa Paulo VI, faria com que a população ajudasse a combater as arbitrariedades dos militares. Em março de 1970, o sumo pontífice se pronuncia, condenando veementemente a tortura de presos políticos no Brasil. De outra parte, é preciso entender também que a censura estava vigilante e proibiu a veiculação desta notícia, como tantas outras desse mesmo teor. Alguns países, como a França, por exemplo, chegaram a denunciar, internacionalmente, o desrespeito aos direitos humanos e a tortura no Brasil. Era um período em que havia por volta de quinhentos presos políticos, em sua maioria estudantes. As denúncias no exterior em nada mudariam o quadro interno do país. A mais longo prazo, sim, teve uma pequena influência, porque as pressões começariam a desgastar interna e externamente a imagem dos militares brasileiros.

A economia ia muito bem, o país teria um crescimento em seu produto interno bruto de mais de 10% e a inflação caminhava em curva descendente. Vivíamos o auge do chamado "milagre brasileiro", comandado pelo ministro da Fazenda, Delfim Netto. O desemprego diminuía e os pregões da bolsa de valores refletiam o clima de otimismo em investimentos no país. Com um quadro econômico tão favorável como esse, se tornaria ainda mais difícil a participação da sociedade na luta contra o autoritarismo político e a repressão.

A cultura brasileira se ressentiria ainda mais a partir de 1969, quando os mecanismos de censura foram sensivelmente ampliados. Aliás, o período de maior vigilância, pode-se dizer até de perseguição à cultura, foi mesmo entre 1969 e 1976. O governo do presidente Médici foi o que mais perseguiu a produção cultural não-alinhada com o *establishment*. Nada praticamente acontecia. E o pouco que se produzia raramente era divulgado pelos veículos de comunicação. Por conta dessas proibições, criou-se a imagem de que a censura estimulava a criação. Isso não condiz com a verdade. Tanto é assim que o maior vazio cultural no país se dá no período de maior presença da censura. Nesse aspecto, as palavras certas de Chico Buarque são esclarecedoras. Indagado sobre seu trabalho de compositor e a interferência da censura, ele nos dá um pequeno e preciso retrato das relações entre cultura e autoritarismo. Por considerar essenciais, reproduzo a pergunta do interlocutor, Carlos Tranjam, e a resposta de Chico Buarque:

> Você falou que preferia não ter composto sob aquela censura toda. Você acha que hoje a gente não está num período menos criativo de MPB, o que vende hoje é axé, pagode, não tem mais a dimensão que tinha naquela época. Você vê isso como uma coisa geral brasileira? Você acha que aquele seria um período tão criativo se não tivesse essa censura?
> Chico Buarque: Esse período, o período mais fértil da música e o período que deu início a tudo o que a gente conhece hoje como moderno cinema brasileiro, como moderno teatro, isso antecede a censura. Há um equívoco muito grande. Falam em época dos festivais, mas foi a partir da bossa-nova que se desencadeou isso tudo. Foram os finais dos anos 1950, ali que a coisa explodiu. E, quando comecei a gravar, a segunda geração da bossa-nova e tal, foi nos anos 1960, até meados dos anos 60 não havia censura. Volta e meia ouço falar: "Não, porque a censura não sei o que..." A censura só passou a existir institucionalizada a

partir do AI-5, fim de 1968. A partir de 1969 é que existe censura. Tive nessa época, antes de 1968, um problema com uma música, *Tamandaré*, que aí a Marinha implicou e proibiu. Mas a censura como censura não existia. Então, entre 1964 e 1968 – já tínhamos uma ditadura militar –, as artes praticamente não foram incomodadas. A chamada música de protesto, teatro de resistência, tudo floresceu entre 1964 e 1968. Então esse período a que as pessoas se referem tanto, "ah, os festivais", hã, hã, hã não, não havia censura"[65].

Correto. Chico Buarque, além de ter vivido intensamente o período a que se refere em sua entrevista (e isso já seria suficiente), suas explicações estão fundamentadas em fatos históricos da época. De qualquer modo, é preciso registrar mais uma vez: antes do AI-5, de fato, não havia censura institucionalizada e, se alguma coisa foi censurada, tratava-se de um caso isolado, e não algo sistemático. Para entender bem e sem passionalismos a produção cultural dos anos 1960 e 1970, é necessário ter em mente o seguinte: não há qualquer correlação entre a censura e o estímulo à criação cultural.

Pois bem, se essas observações procedem, não é menos verdade que, a partir do AI-5, nossa produção cultural tornou-se tão politizada, ou mais até, que os tempos do CPC. Mas isso é natural e não poderia ser diferente. Afinal, o país viveria por vinte e um anos uma luta político-ideológica entre ditadura e democracia. E é mais natural ainda, que nesse período aparecesse mesmo uma produção cultural de resistência ao *establishment*.

Artistas, intelectuais, jornalistas e outros segmentos mais participativos do processo sociopolítico do país iriam se manifestar em defesa da democracia. Nesse momento, é claro, não há como não ideologizar o discurso, no que ele tem de mais nobre: a defesa da liberdade e da democracia. A única forma de contestação às arbitrariedades era a palavra, não havia outra.

---

65. A entrevista foi concedida à revista *Caros Amigos* de dezembro de 1998, nº 21, p. 24.

Na imprensa escrita surgem os jornais *Opinião, Movimento* e *Pasquim*. Os dois primeiros tiveram vida curta, mas o *Pasquim*, lançado em junho de 1969, atravessaria todo o período mais rigoroso da censura e chegaria até o processo de abertura política, não sem percalços, é claro. Além de atentados à redação, esse jornal enfrentaria sérios problemas com a censura, entre eles, o recolhimento de algumas edições nas bancas. Sua linha editorial, seu visual e sua estética eram completamente originais para a época. Sem comprometer a qualidade do conteúdo, o *Pasquim* usaria o humor e a sátira para dar o seu recado ao país. Cartunistas como Henfil e Ziraldo faziam seus desenhos, suas histórias e vinhetas para ilustrar o texto de colaboradores do jornal. A própria ditadura dos militares, em alguns momentos, era tratada com humor tão sutil e refinado (sem perder a seriedade que o tema sempre exigiu) que passava imperceptível pela censura. Só mais tarde, quando alguém mostrava a crítica ao autoritarismo, os órgãos repressores ordenavam o recolhimento da edição nas bancas. Ao lado de jornais consagrados da grande imprensa, o *Pasquim*, considerado um veículo de comunicação da imprensa alternativa, deu inestimáveis colaborações ao processo de redemocratização do país, sempre com muita seriedade e sem prejuízo da irreverência, sua marca registrada.

No teatro, a peça *Hair* estreava em São Paulo em outubro de 1969. O chamado movimento *hippie* significava a paz, o amor e a liberdade. Em todo o mundo, parte da juventude assumiria uma revolução comportamental de rejeição aos valores vigentes como, por exemplo, a resistência à sociedade de consumo. No Brasil, uma pequena parcela estava convicta dos ideais da "cultura *hippie*", mas muitos tinham apenas vontade de segui-la. A peça *Hair* trazia em seu conteúdo muito dos valores da paz, da liberdade e do amor. Pode-se dizer até que esse espetáculo não se resumia apenas a uma apresentação teatral. Ele trazia, em seu conteúdo, toda uma filosofia comportamental que estava ocorrendo especialmente, mas não só, entre a juventude norte-americana e européia. Na América latina ela começava a se esboçar, justamente quando *Hair* chegou ao Brasil. Em termos mais abrangentes, todo esse movimento ficaria conhecido como contracultura. Era uma época de grandes conflitos internacionais, e os jovens levantavam sua voz contra a Guerra do Vietnã. No Brasil, as passeatas dos estudantes contra a ditadura militar sempre faziam menção também à invasão dos Estados Unidos naquele país. Era um protesto a mais, por uma causa reconhecidamente justa em todo o mundo.

De todas as manifestações, a música popular era, sem dúvida, a mais visada pela censura militar. Os festivais haviam dado novo ímpeto de popularidade a alguns artistas muito talentosos, projetando-os. Sob a ótica da ditadura, eles estavam realizando um trabalho político contra o governo através de suas canções. Era verdade, mas era também o único instrumento que aqueles jovens compositores tinham para manifestar sua tristeza e angústia com a falta de liberdade no país. O governo agiria muito rápido e com eficiência. Em São Paulo, no dia 27 de dezembro de 1969, Giberto Gil e Caetano Veloso foram presos e levados para o Rio de Janeiro. A primeira providência dos militares foi rapar as cabeças de ambos. Posteriormente, foram obrigados a deixar o país e se exilaram em Londres. Nessa ocasião, Gilberto Gil compôs *Aquele Abraço*.

A bem da verdade, os dois compositores baianos pouco tinham a ver com a resistência que setores da música popular faziam à ditadura militar. Todas as vezes em que foram abordados sobre suas posições políticas, eles mantiveram a coerência. Em 1996, durante o programa *Roda viva*, Caetano Veloso voltou a afirmar, agora mais enfaticamente, sua não opção pelo maniqueísmo político-ideológico que se instalou em nosso país, em que, necessariamente, teríamos de ser de direita ou de esquerda. Vejamos suas palavras:

> Não sou de direita, nem de esquerda. Eu sempre estive ligado à esquerda, mas aquela ligação automática do artista com a esquerda eu acho intolerável. E depois eu era muito suspeito. O tropicalismo oscilava entre ser uma pretensão de verdadeira esquerda, a esquerda da esquerda, e uma barretada [...]
> [...] O mercado, a força da competitividade livre e isso era absolutamente explícito no tropicalismo. Então, eu e Gil somos suspeitos politicamente. Quando aqueles estudantes de esquerda nos vaiaram, eles não estavam sem razão"[66].

Se, de uma parte, os compositores baianos não assumiram compromissos políticos com a esquerda, é bom esclarecer que sempre tiveram simpatia por posições políticas menos radicais e mais equilibradas. É o caso, por exemplo, de Caetano Veloso que aderiu à campanha de Fernando Henrique Cardoso, em 1994, para a presidência da República. Essa ou qualquer outra opção teria sido justa. Como qualquer cidadão, os ídolos e as celebridades têm o direito de ser o que realmente são, e não aquilo que seus admiradores gostariam que fossem. Nesse aspecto, ele é um ser político como qualquer outro na multidão. Ninguém pode se tornar refém do seu próprio prestígio profissional e de sua popularidade.

Diferentemente de seus amigos Caetano e Gil, Chico Buarque sempre teve participações políticas mais efetivas. Sua obra musical e, posteriormente, literária trazem sistematicamente a crítica social muito bem fundamentada. Em 1969, quando a repressão se agudizou ainda mais, Chico Buarque foi à França e Itália para cumprir alguns compromissos profissionais agendados. Seu objetivo, claro, era voltar para o Brasil. Mas, em face de tantas

---

66. RIDENTI, Marcelo. Op. cit., p. 297.

recomendações e conselhos para não retornar, porque seria perigoso, ainda que contra a sua vontade, resolveu ficar. O poeta Vinicius de Moraes foi um dos seus amigos que mais o aconselharam a não voltar, justamente por causa da repressão. Convém esclarecer que Chico Buarque fazia parte de uma lista da polícia federal em que constavam as pessoas que deveriam ser presas, por terem participado da Passeata dos Cem Mil. Além disso, havia ainda um agravante: ele era o autor da peça *Roda viva*. Em 18 de dezembro, acordaria com a polícia já dentro da sua casa. Foi levado para o Ministério do Exército, exaustivamente interrogado e depois liberado.

Angustiado por estar vivendo um auto-exílio que não desejava, Chico não tinha outra alternativa. Quase desconhecido na Itália naquela época, passaria sérias dificuldades financeiras por falta de trabalho. Recebeu apoio do seu amigo Toquinho e conseguiu realizar alguns pequenos shows pouco rentáveis. Em meio às dificuldades, aconteceu um fato que, em nossos dias, ganharia um tom realmente pitoresco e até bem divertido. O texto relata a situação vivida por Chico e Toquinho: "Algum trabalho sempre aparecia. Quando viram, estavam fazendo shows nos lugares mais improváveis, como um decadente castelo medieval nos arredores de Roma, onde se apresentavam para meia dúzia de gatos pingados que sequer sabiam quem eram eles. Pelo menos riram muito, naquele cenário espectral, cantando *Mamãe eu quero*, *Ala-la-ô*, o que lhes vinha à cabeça"[67]. A imprensa brasileira não conseguiu entender que Chico Buarque fez auto-exílio forçado. Não era sua intenção ficar morando em Roma. Nessa época, tratou-o com descortesia e até desrespeito. Quando retornou ao Brasil, ainda teve humor para comentar as notícias sobre ele. Com expressões "era só paulada" e "para ler o *Jornal do Brasil*, ...precisava pôr um capacete", mas passa a imagem das suas relações com a crítica naquela época.

---

67. HOLLANDA, Chico Buarque de. Letra e música. São Paulo, Cia. das Letras, 1990, v.1, p. 125.

As cobranças políticas nesse período da nossa história eram freqüentes e quase sempre infundadas. É como se todo cidadão famoso e de certo prestígio tivesse, necessariamente, que emprestar sua imagem pública para combater a ditadura. Isso é plenamente aceitável, especialmente entre as pessoas politicamente de esquerda, desde que queiram fazê-lo. Não é obrigação nem deve ser visto como missão histórica. E as que assim procedem, o fazem essencialmente por convicção ideológica e por entenderem que a democracia é imprescindível a uma sociedade que se pretende livre. Este é o caso de Chico Buarque. Ele não se tornou de esquerda no "calor da hora", na época do "modismo esquerdizante" dos anos 1960 e 1970, quando a ditadura perseguia estudantes e comunistas. Ainda no Colégio Santa Cruz, quando era adolescente, já tinha suas convicções políticas. Basta ver, por exemplo, a posição que assumiu em defesa do regime cubano em 1962, no conflito entre Estados Unidos e a ex-URSS. Quando ocorreu o golpe de 1964, recebeu séria ameaça de um colega filho de integralistas: "Agora nós vamos na casa do seu pai incendiar aquela biblioteca socialista".

O exemplo aqui citado é de um cantor e compositor que ganhou o respeito de todo o país pela qualidade do seu trabalho e por sua incansável luta pela a redemocratização do Brasil. Tornou-se figura pública exatamente por esses dois motivos e, mais recentemente, por sua prosa literária. É preciso observar, no entanto, que outras pessoas menos conhecidas não tiveram nem a oportunidade de se defender do implacável patrulhamento ideológico que a pequena e a grande imprensa faziam na época da ditadura militar. Todo verdadeiro democrata lutava, cada um a seu modo e dentro de seus limites, contra o autoritarismo e a favor da democracia.

Mas, ainda tendo que permanecer em Roma, de lá mesmo, Chico Buarque mandou seu recado ao Brasil pelo amigo Toquinho e o *Samba de Orly*. É uma música de tripla parceria. Dos dois amigos e de Vinicius de Moraes. Ou melhor, dos três amigos.

Vejamos o texto poético:

> Vai, meu irmão
> Pega esse avião
> Você tem razão
> De correr assim
> Desse frio
> Mas beija
> O meu Rio de Janeiro
> Antes que um aventureiro
> Lance mão
>
> Perde perdão
> Pela duração
> Dessa temporada
> Mas não diga nada
> Que me viu chorando
> E pros da pesada
> Diz que eu vou levando
> Vê como é que anda
> Aquela vida à toa
> E se puder me manda
> Uma notícia boa

Originalmente, os versos "Pela duração" e "Dessa temporada" não existiam. No lugar deles estavam, respectiva-mente, "Pela omissão" e "Um tanto forçada". A censura não permitiu a gravação original, e Chico Buarque contou com a colaboração de Vinícius de Moraes para finalizar a letra. *Samba de Orly*, como se vê no texto poético, tem todo um clima de exílio e da impossibilidade de voltar. A saudade do país simbolizada no Rio de Janeiro, a preocupação com o que poderia ocorrer por aqui ("Antes que um aventureiro lance mão") e a vida insólita e insana que lhe foi imposta por não poder voltar ao Brasil ("e pros da pesada, diz que eu vou levando") são os elementos da melancolia e da angústia de viver no exílio.

No retorno de Chico Buarque ao Brasil, a imprensa não mudou seu discurso. Desta vez, criticava-o porque estava voltando. Nesse caso, até que tenha um certo sentido, mas também excesso de zelo. Estou pensando, na verdade, no clima de horror que vivia nosso país no início dos anos 1970, no governo do presidente Médici. Parte da imprensa considerava uma temeridade alguém, cujo nome constava da lista de procurados, voltar ao Brasil naquele momento.

Foi uma época terrível para os adversários da ditadura militar. Vivíamos um quadro assustador, em que, a qualquer momento, alguém poderia simplesmente "desaparecer" após uma prisão. Nos porões do antigo DOPS – Departamento de Ordem Política e Social, os presos políticos eram submetidos aos mais diversos tipos de torturas. Ela era vista pela ditadura com naturalidade. E, mais do que isso, considerada necessária para derrotar os grupos guerrilheiros de esquerda. Eles eram, sob a ótica da ditadura, os "inimigos" do país e assim deveriam ser tratados. Os militares concentravam suas forças na tortura aos presos políticos com dois objetivos muito claros: o primeiro, conseguir as informações necessárias para desarticular os grupos da luta armada. O segundo, era decorrência da prática de tortura. Os presos torturados até a morte recebiam registro policial de "foragidos". Em alguns casos, era considerado "acidente de trabalho".

Por detrás desses crimes, havia a intenção de inibir os grupos armados, intimidar a participação de novas pessoas na luta contra a ditadura e, sem dúvida, o objetivo mesmo de dizimar, de exterminar o que os torturadores chamavam de inimigos do país. O jornalista Alessandro Meiguins descreve com objetividade os meios e artifícios usados pela repressão no período mais crítico e violento dos governos militares: "Atrás daquelas paredes, os presos viviam o inferno. As sessões de tortura desse período estão entre as piores de que se tem notícia, repletas de choques elétricos, afogamentos, queimaduras, palmatórias, espancamentos em paude-arara e estupros individuais e coletivos. Algumas vítimas se suicidaram anos depois"[68].

Essas descrições, evidentemente, permeavam o que poderíamos chamar de sinistro submundo da ditadura militar. São certamente, os anos mais agônicos e perversos da história do nosso país. O cidadão comum, que vivia seu cotidiano de trabalho e família, não tinha acesso a essas informações e a esses acontecimentos. A grande imprensa, embora soubesse de alguma coisa nesse sentido, não poderia divulgar. Alguns poucos segmentos da sociedade, como políticos, jornalistas, artistas, professores, intelectuais, associações e estudantes, tomavam conhecimento desses fatos pela chamada comunicação verbal. Até hoje o país não sabe com precisão o número de mortos de ambos os lados nessa luta insensata cujos maiores perdedores fomos nós e a democracia do país. Seguramente, não foi uma luta do bem para o bem. As seqüelas deixadas, apesar de passados vinte e um anos, precisarão ainda de mais algum tempo para desaparecer (se é que chegará esse dia) definitivamente.

O mais inacreditável é que tudo isso aconteceu à margem da população brasileira. No plano econômico, o país ia muito bem. Estava em curso o "milagre econômico brasileiro" e crescíamos, em média, 8% ao ano. O AI-5, as cassações, as proibições posteriores com outros atos institucionais, a censura, as torturas, as mortes e as restrições à liberdade individual não foram sentidas pela imensa maioria do povo brasileiro. Isso não significa, é claro, que ela não tenha sido afetada por essas medidas autoritárias. Foi, não há dúvida. Acontece que seu cotidiano não mudou e, por isso, tornaram-se imperceptíveis na época.

---

68. O texto de Alessandro Meiguins foi retirado da revista *Ditadura no Brasil*, série *Dossiê Brasil*. São Paulo, Abril, 2005, p. 36.

Assim, fora dos muros das prisões das Forças Armadas e dos porões da tortura, o Brasil vivia um clima de verdadeiro ufanismo. O governo lançou mão das estratégias de marketing e da propaganda política para estimular o patriotismo exarcebado. Politicamente, o momento era importante e a situação econômica, bastante propícia para isso. Esse expediente, aliás, já havia sido utilizado por Getúlio Vargas na época do Estado Novo, com base no livro do Conde Afonso Celso, de 1900, *Porque me ufano do meu país*.

Assim é que, nos anos 1970, os homens de marketing do governo trabalhariam, com muita competência, os aspectos emocionais do patriotismo em nosso país. O resultado não poderia ter sido melhor para o governo. Além de consolidar a imagem de militares que trabalhavam para o bem da sociedade e a dignificação do país, encontrariam aliados da delação. Não foram poucos os casos, em São Paulo, Rio de Janeiro e outras capitais brasileiras, em que a repressão prendeu cidadãos comunistas após delações anônimas. O clima ufanista no país estava em todas as partes. Nas repartições públicas, nos estádios de futebol, bancos, automóveis, caminhões, bancas de jornais, entre outros lugares. Slogans como, "Brasil, ame-o ou deixe-o", "Brasil grande", Este é um país que vai pra frente", "Sou mais Brasil", "Brasil, ame-o ou morra", davam a idéia exata do exarcebado patriotismo estimulado pela propaganda e pelo marketing político.

Com esses artifícios, o governo partiria para a repressão sistemática e organizada contra os grupos de esquerda. Em São Paulo, por exemplo, o delegado Sérgio Paranhos Fleury foi o escolhido para combater o que o governo chamava de terrorismo. Era reconhecidamente um homem violento. A infra-estrutura repressiva e a grande campanha de marketing colocariam o governo no controle da situação. A luta política tinha deixado, de ambos os lados, toda e qualquer ética e respeito aos direitos humanos. Não havia nada em que um prisioneiro político pudesse se apegar para fazer valer eventuais direitos. Aliás, ao contrário, no edifício da Polícia Civil de São Paulo havia uma placa com a seguinte frase: "Contra a pátria não há direitos".

No início de 1970, quando chegou ao Brasil, Chico Buarque se deparou com esse quadro político. A angústia e a aflição tomaria conta das pessoas que gostariam de reagir aos desmandos dos militares. Ao mesmo tempo, elas sabiam que a tortura e o extermínio eram os principais recursos do autoritarismo militar. A canção *Apesar de você* foi a forma que o compositor encontrou para dizer como estava vendo a situação política do país. Como ele disse, foi um samba "feito com os nervos mesmo, bem a cara de 1970". A música, como toda a produção cultural da época, teria de passar primeiro pela censura. Chico não acreditava que sua canção seria liberada para gravar, mas foi. Ainda bem, porque é notório, ao se analisar o texto poético, que a censura "cochilou". Após um mês do lançamento do disco compacto, já havia cem mil cópias vendidas. Mas, nesse momento, os censores "acordaram", proibiram a venda do disco e mandaram recolher seus exemplares nas lojas. Inconformada com a incompetência de não ter percebido a mensagem, a repressão foi mais adiante. Fechou a fábrica que prensou o disco, quebrou e destruiu todo o estoque de reabastecimento das lojas. Para a felicidade de todos nós e da cultura musical do país, a gravadora tinha a matriz de *Apesar de você*. Por se tratar de uma canção muito conhecida, não a reproduzo inteiramente. De qualquer modo, os primeiros versos já nos dão noção do que era um país onde não se podia discordar do autoritarismo vigente:

Apesar de você

Hoje você é quem manda
Falou, tá falado
Não tem discussão
A minha gente hoje anda
Falando de lado
E olhando pro chão, viu
Você que inventou esse estado
E inventou de inventar
Toda a escuridão
Você que inventou o pecado
Esqueceu-se de inventar
O perdão

A autoridade dos militares e suas ordens, ainda que arbitrárias, não podiam ser contestadas. "Falou, tá falado, não tem discussão." Foi um período em que as pessoas mais combativas não podiam usar toda a força do seu verbo e, por isso, sentiam-se humilhadas e impotentes para reagir à brutalidade da repressão, da censura e até da tortura. De fato, era um período em que se falava de lado, cabisbaixo "e olhando pro chão". Por todas essas coisas, não era esse o Estado que se desejava, muito menos o estado de situações agônicas imposto à sociedade. Toda a censura, a falta de informações e as proibições mergulharam o país em uma escuridão que o poeta Chico Buarque rechaçou com a força das rimas. Além disso, quem "inventou esse estado" e "inventou de inventar toda a escuridão" não poderia ter esquecido de "inventar o perdão". A censura, a tortura, a coerção e o extermínio não poderiam nem existir, quanto mais fazer parte desse Estado.

Dentre os compositores censurados nos anos 70, até o início dos anos 80 Chico Buarque provavelmente deve ter sido o mais prejudicado em seu trabalho. A maior quantidade de canções proibidas era dele. Além de *Apesar de você, Construção, Angélica, Partido alto, Vence na vida quem diz sim, Tanto mar, Meu caro amigo, Fado tropical, Bolsa de amores, Samba de Orly, Minha história, Atrás da porta*, e de todas as músicas da peça *Cabalar*, Chico Buarque teve outras obras proibidas. Para melhor esclarecer suas relações forçadas com a censura, transcrevo um pequeno trecho-documento: "As intimações para depor eram freqüentes e pontilharam toda a primeira metade dos anos 70. Chegaram sob a forma de um impresso de 'Intimação ou Convite'. Chico diz que recebeu bem mais de vinte e guardou algumas. Ele se tornou *habitué* de um serviço do DOPS na praça Marechal Âncora, no centro do Rio de Janeiro, onde geralmente era interrogado por um certo inspetor Sena. 'Na véspera de um desses comparecimentos, meio transtornado, falei uma série de bobagens num show de Jorge Ben', lembra Chico. 'Não dormi, e no dia seguinte disse ao inspetor que não agüentava mais'"[69]. O caso da peça *Calabar* é o exemplo máximo da arbitrariedade e da perseguição à obra de Chico Buarque. No final de 1973, a obra seguiu para ser examinada pela censura. Somente três meses depois, a Polícia Federal, na pessoa do general Antônio Bandeira, proibiu a peça, o uso do nome *Calabar* e a divulgação da própria proibição. Depois desse episódio, Chico Buarque percebeu que seu nome estava definitivamente carimbado pela censura da Polícia Federal. Nesse momento é que adotou o pseudônimo de "Julinho da Adelaide" e, como tal, gravou *Jorge Maravilha, Acorda, amor* e *Milagre brasileiro*.

    Por ser o compositor mais censurado naquela época, pela qualidade do seu trabalho e, ao mesmo tempo, por ser extremamente teimoso e combativo contra a ditadura, Chico passaria a ser admirado e respeitado até por aquelas pessoas que não concordavam com suas posições políticas. Não fez nada para adquirir esse prestígio, além do fecundo trabalho que conhecemos hoje. Foi e continua sendo

---

69. HOLLANDA, Chico Buarque de. Op. cit., p. 135.

muito avesso a autopromoções. Talvez por isso mesmo quiseram lhe atribuir uma liderança para agir contra a ditadura que ele se negava a assumir. À sua revelia, a grande imprensa tentou transformá-lo em um símbolo de resistência ao autoritarismo militar. Certa ocasião, ao ouvir os comentários de Glauber Rocha de que poderia se tornar o Errol Flynn da cultura brasileira, Chico, que nunca desejou ser ídolo ou herói, se colocou da seguinte forma: "Era uma responsabilidade que eu não queria carregar. Mas não havia como dizer às pessoas – olha, eu não sou isso que vocês pensam"[70].

Se de uma parte, a censura era implacável com os compositores, artistas, escritores, enfim, com quem produzia cultura no Brasil, é verdade também que, em certo momento, a canção popular de protesto, como de resto outros segmentos da cultura, passariam a protestar não pela convicção ideológica, mas porque dava *status*. Solicitado a falar dessa época, Chico Buarque se pronunciou da seguinte forma: "Eu comecei fazendo músicas assim, de denúncia social, no meu primeiro disco, *Pedro pedreiro*. Depois disso, quer dizer, também a situação política do país interfere, a gente não pode dizer que não interfere, interfere. Deixei um pouco de fazer isso porque virou moda, só se fazia música de protesto e tal. Viajei, fiquei morando na Itália, voltei, fiz músicas de novo, tive problemas com a censura, hoje a censura está mais benevolente... a denúncia é válida, agora o perigo é tornar, você entende, é virar moda. Isso já aconteceu, esse filme eu já vi, depois de 64 já aconteceu, entende, aí todo mundo de repente é de esquerda, todo mundo é revolucionário, todo mundo é... aí fica uma chatice, tudo igual".

Na música popular, houve a contrapartida das denúncias e dos protestos feitos pelo grupo mais politizado. Se, de uma parte, falava-

---
70. HOLLANDA, Chico Buarque de. Op. cit., p. 249.

se dos problemas de desemprego, do baixo salário do trabalhador, de censura, das proibições, entre outras coisas, veremos também surgir uma reação dentro da própria música popular. As conquistas do governo na área econômica, no apoio ao agricultor, o projeto Mobral, as mudanças na Lei da Previdência, tornando-a extensiva ao lavrador, e a conquista do tricampeonato mundial no México foram temas de grande exaltação ao país e aos governos militares. Sobre a nossa seleção, é necessário dar alguns esclarecimentos. O primeiro diz respeito à tentativa do presidente Médici de interferir na escalação do time brasileiro. Na linha de ataque, ele preferia o jogador Dario "Maravilha", do Clube Atlético Mineiro, em lugar de Tostão, do Cruzeiro. João Saldanha, nosso treinador nessa ocasião e reconhecidamente de esquerda, filiado ao Partido Comunista Brasileiro, não gostou da ingerência do presidente e reagiu. Argumentando que, da mesma forma que o general Médici não o consultou para a escolha dos seus ministros, agora não poderia opinar no time titular por ele determinado. Depois desse entrevero, o novo treinador da seleção brasileira passaria a ser Mário Jorge Lobo Zagalo. Quando o Brasil voltou do México, após ter conquistado em definitivo a Taça Jules Rimet e o tricampeonato mundial, já havia uma música ufanista para a celebração da grande vitória. A marcha de Miguel Gustavo tem o seguinte texto:

> Noventa milhões em ação
> Pra frente Brasil
> Do meu coração
> Todos juntos, vamos
> Pra frente, Brasil
> Salve a seleção
> De repente é aquela
> Corrente pra frente
> Parece que todo o Brasil
> Deu a mão
> Todos ligados na mesma emoção,
> Tudo é um só coração.

Diferente de outras canções de exaltação à brasilidade, *Pra frente Brasil* não tem um ufanismo propriamente explícito. Não há evidências das qualidades individuais ou coletivas do brasileiro, destacadas no texto poético. Há, isto sim, uma verdadeira "corrente pra frente", como bem assinala o compositor Miguel Gustavo. Uma espécie assim de cumplicidade coletiva, um clima extremamente alegre de irmandade, de forte união em busca de um único objetivo. Como diz o autor, "todos ligados na mesma emoção, tudo é um só coração". É, certamente, a canção melhor realizada para retratar o êxtase coletivo, o sentimento que nos tira do mundo sensível, por efeito da exaltação e do impacto emocional. Já faz tempo que o futebol em nosso país era apenas uma manifestação da cultura lúdica. Hoje é muito mais do que isso. Ao mesmo tempo, o ritmo grandiloqüente da canção, aliado ao texto de solidariedade patriótica ("Todos juntos vamos, pra frente Brasil"), remete a todos a uma arrebatadora e incontrolável emoção coletiva. Estamos diante do processo catártico de purificação da alma ou, na concepção aristotélica, de descarga das desordens emocionais. É nesse momento que prevalece o *non-sense* das comemorações de rua.

Pra frente Brasil não é uma canção ufanista, mas surge em um momento de grande exaltação dos valores nacionais, de retumbantes declarações de amor à pátria. É a época em que os governos militares investem pesado no conhecido refrão "Brasil, ame-o ou deixe-o". Ao mesmo tempo, por ser uma canção que propõe a celebração coletiva de uma grande conquista brasileira no plano internacional, ela ficou ligada indevidamente, a meu ver, à imagem do ufanismo da época. Talvez por ser do período do "milagre brasileiro", *Pra frente Brasil* tenha sido colocada na "vala comum" da concepção, "em ritmo de Brasil grande". Todas as conquistas do país, especialmente na economia e nos esportes, eram potencializadas aos olhos da sociedade. Não foi por acaso, nem por ingenuidade, que o presidente

O Exército avança

Médici recebeu os tricampeões mundiais de futebol, como outros presidentes anteriores já haviam feito algo semelhante. A estratégia é simples, muito conhecida, mas também extremamente eficiente. Qualquer acontecimento dignificante para o país deve ser capitalizado politicamente pelo governo. Dependendo da forma como é feita essa capitalização, ela pode ser legítima e até referendada pelo próprio cenário político.

    O governo militar se propôs a realizar mudanças na agricultura brasileira, criando melhores condições de trabalho para o pequeno agricultor. A previdência social para o lavrador, por exemplo, foi uma delas. O universo da canção sertaneja, que sempre foi muito pouco conhecido pelos estudiosos e críticos da nossa música, homenageia em grande estilo e ufanismo o governo do presidente Médici, por ocasião do sesquicentenário da independência do Brasil. A canção intitulada *Lei agrária*, de Goiá e Francisco Lázaro, dá a dimensão exata de como as mudanças foram recebidas não só no tocante à agricultura, mas também no que diz respeito ao Mobral e aos poucos investimentos em tecnologia nessa época.

    Em meu livro *Acorde na aurora*[71], analiso o texto poético dessa canção sertaneja que, antes de mais nada, é notoriamente um instrumento ideológico de exaltação e exacerbação dos feitos do governo na agricultura. Não pretendo analisá-lo novamente, no entanto, quero destacar apenas algumas frases que não são exceções, e sim a tônica recorrente em toda a letra: "Viva o Brasil-Progresso! Viva a revolução!", "Doce Brasil, manancial de poesia, sua tecnologia já tem fama mundial", "Como me orgulho de você Brasil querido", entre outras, com o mesmo tom ufanista. Ao longo do texto-poético prevalece a ininterrupta exaltação à autoridade governamental, às suas realizações e aos símbolos nacionais. Não é possível afirmar

---

71. CALDAS, Waldenyr. *Acorde na aurora: música sertaneja e indústria cultural*, São Paulo, Cia. Editora Nacional, 1979.

que essa canção tenha sido feita intenacionalmente, com um discurso tão "Brasil-Progresso" e tão ao encontro daquilo que os militares sempre desejavam ouvir. Lembro, no entanto, que em 1974, quando entrevistei os autores de *Lei agrária* (tenho a gravação em meus arquivos), perguntei se tanta exaltação aos feitos do governo era algo realmente espontâneo. Não obtive resposta, apenas evasivas.

De uma forma ou de outra, uma coisa estava muito clara: tanto no cancioneiro da música popular brasileira quanto no universo da canção sertaneja surgiram muitas canções ufanistas de apoio aos governos militares. Um dos exemplos bem marcantes nessa época era o repertório de Don e Ravel. Ao contrário da grande maioria dos cantores sertanejos, essa dupla também tinha bom público na chamada música popular. Eles representam, até hoje, o que houve de mais ufanista e elogioso aos governos militares, especialmente o período do presidente Médici. A canção intitulada, *Eu te amo meu Brasil* é uma das mais conhecidas da dupla. Vejamos a letra:

> As praias do Brasil ensolaradas
> O chão onde o país se elevou
> A mão de Deus abençoou
> Mulher que nasce aqui tem muito mais amor.
>
> O céu do meu Brasil tem mais estrelas
> O sol do meu país, mais esplendor
> A mão de Deus abençoou
> Em terras brasileiras vou plantar amor
>
> Eu te amo, meu Brasil, eu te amo!
> Meu coração é verde, amarelo, branco, azul anil
> Eu te amo, meu Brasil, eu te amo!
> Ninguém segura a juventude do Brasil

Os versos de Don e Ravel são muito claros, nem necessitam de análise para se detectar o ufanismo. Aqui a mulher tem mais amor, Deus abençoou o país, o céu tem mais estrelas, o sol mais esplendor e nossa juventude é simplesmente "fantástica". Esse ufanismo, visto com os olhos da nossa contemporaneidade, perde o sentido e não passa de uma bobagem. Nos anos 1970, no entanto, em face do excelente trabalho de marketing realizado pelo governo Médici, essa canção tornou-se extremamente popular. Vivíamos a euforia do chamado "milagre brasileiro", dos grandes empreendimentos, como a construção da usina hidrelétrica de Itaipu, a ponte Rio-Niterói, a Transamazônica, ligando os Estados do Maranhão e do Acre, entre outras coisas, que davam a idéia do ritmo de "Brasil-grande".

Nessa esteira entra ainda a canção popular potencializando o ufanismo que tomaria conta do país. Nos grupos escolares de primeiro e segundo graus, por exemplo, ao lado do nosso hino nacional, era natural e rotineiro, os alunos cantarem também *Eu te amo meu Brasil*. A campanha pela exacerbação ao patriotismo passaria ainda por uma questão realmente importante. O governo militar criou o Mobral – Movimento Brasileiro de Alfabetização, em 1970, cujo objetivo era eliminar o analfabetismo em nosso país. O projeto teve grande repercussão em todo o país e rendeu importantes dividendos políticos, especialmente junto à população de baixa renda e escolaridade. Longe de receber o apoio da oposição, que via no Mobral mais um artifício populista e demagógico, as opiniões também se dividiram entre os especialistas em educação.

Aqui, novamente aparece outra canção da dupla Don e Ravel, desta vez com o título *Você também é responsável*. O texto poético procurava sensibilizar todo cidadão brasileiro a ajudar a alfabetizar aquelas pessoas que nunca haviam tido a oportunidade de freqüentar os bancos escolares. Trata-se de uma canção com forte apelo emocional, em que o analfabeto dialoga com uma pessoa alfabetizada. Em tom dramático e suplicante, o analfabeto faz o seguinte apelo: "Você também é responsável, estão me ensine a escrever..." Ao lado de *Eu te amo meu Brasil*, *Você também é responsável* são as duas canções mais conhecidas da dupla Don e Ravel. Ao mesmo tempo, eles ficariam com a imagem pública de verdadeiros apologetas dos governos militares, do ufanismo que se difundia na época, e incorporaram o próprio símbolo do ritmo de "Brasil-grande", exatamente como desejavam os militares. É claro que, no decorrer do tempo, quanto mais amainava-se a censura e a força repressiva, menos aparecia a obra musical dessa dupla! Como sua imagem ficou essencialmente associada aos governos militares, ela passaria, aos poucos, a desaparecer das emissoras de rádio e demais veículos de comunicação. A bem da verdade, sofria mesmo uma espécie de boicote, justamente por ser um exemplo bastante emblemático e representativo do autoritarismo militar.

    É bom registrar, no entanto, que a dupla não estava só. Outros cantores e compositores fizeram e interpretaram canções na época que, se não tinham a mesma densidade ufanista das letras de Don e Ravel, pelo menos foram vistas pela crítica como "levemente" ufanistas. Apenas como exemplo, quero lembrar os casos de *País tropical,* de Jorge Bem, e *Meu país,* de Ivan Lins e Victor Martins. Essas mesmas canções, se tivessem surgido em outro contexto político, em outro momento histórico, não seriam vistas como "levemente" ufanistas, seriam apenas mais duas canções falando do Brasil sem a conotação de ufanismo.

    Já não é o caso das canções de Don e Ravel, que são notoriamente ufanistas. Aliás, a dupla sempre assumiu essa posição em todas as entrevistas gravadas e acessíveis à pesquisa. Da mesma forma, sempre negou e nega até hoje que tenha feito essas canções encomendadas por pessoas ligadas ao governo do presidente Médici. De qualquer modo, essa é uma suspeita que sempre pairou no ar e sem explicações mais claras. É que, justamente durante o governo Médici, foram muitas as canções ufanistas elogiando exageradamente os seus feitos e a sua gestão como presidente. Não é possível falar de todas elas, mas quero lembrar que, tanto na chamada música popular brasileira como na música sertaneja, há muitos exemplos a serem lembrados. No universo sertanejo, menos conhecido pela crítica e pelo público letrado, vale registrar *Lei agrária*, de Goiá e Francisco Lázaro, *A polícia, Meu irmão da roça, Esteio da nação*, de Leo Canhoto, entre outras.

Alguns casos ocorridos na música popular brasileira nessa época ainda não foram suficientemente esclarecidos. Talvez o mais presente na memória da nossa canção seja mesmo o do cantor Wilson Simonal. Recentemente falecido, ele era reconhecidamente, até entre seus colegas, um dos maiores intérpretes da sua geração. Durante toda a década de 1970, manteve-se no auge da sua carreira de cantor, até ser acusado de delator da ditadura militar. A partir desse momento, seu prestígio profissional entrou em queda livre irreversível, e só lhe restaria o ostracismo.

Não há provas reais de que Simonal delatasse seus colegas de profissão aos órgãos repressores da ditadura militar. Ele passou o resto da sua vida afirmando que jamais teve qualquer aproximação política com os militares, mas sem conseguir convencer seus colegas que, a essa altura, o mantinham à distância. Considerava-se inocente e profundamente injustiçado pelas acusações que lhe foram feitas. Casos como o de Wilson Simonal aconteceram algumas vezes durante a ditadura militar. Não é possível fazer uma análise mais apurada dessas situações, por falta de provas reais. Seria, de fato, uma irresponsabilidade emitir qualquer opinião sem bases comprobatórias. Uma coisa, no entanto, é certa: a categoria profissional de artistas, pelo menos naquela época, não era tão politizada e coesa como se imaginava ou se desejava, especialmente na música popular brasileira.

A pluralidade de opiniões políticas é sempre bem-vinda em qualquer situação e revela o caráter democrático deste ou de qualquer outro segmento da sociedade. Inaceitável, no entanto, é apoiar, em qualquer situação ou circunstância, órgãos repressores, cuja principal finalidade é matar a criatividade e a cultura, é destruir o amanhã e estreitar o horizonte das futuras gerações, com a sonegação do conhecimento. Nesse caso, não se trata de opção político-ideológica, mas sim de insensibilidade e desinformação política, de despreparo mesmo para a convivência social. Chegará o dia em que todos os documentos secretos dos governos militares serão liberados. É essa, pelo menos, a expectativa de grande parte da sociedade brasileira e, em especial, dos seus estudiosos e pesquisadores. Aí, sim, haverá mais elementos disponíveis para análise, para discutir questões ainda tão obscuras e delicadas como essa. É bastante provável que os documentos dos difíceis anos 1960 e 1970 revelem algumas novidades surpreendentes. Eles poderão reparar grande injustiças mantidas ao longo de todos esses anos, mas também consolidar e transformar em verdade o que até então apenas se suspeitava.

Enquanto isso não ocorre, o melhor a fazer é manter a eqüidistância dos fatos para não macular ou enaltecer indefinidamente a imagem de nenhum profissional da nossa canção popular. Em muitos casos, o próprio autoritarismo do Estado se encarregou de denegrir o trabalho do compositor popular. Taiguara Chalar da Silva, por exemplo, foi por diversas ocasiões, humilhado pela DCDP – Divisão de Censura e Diversões Públicas, que conseguiu a proeza de vetar nada menos que cinqüenta e nove músicas de sua autoria. Após voltar do auto-exílio no Paraguai, o compositor enfrentou sérias dificuldades para gravar suas canções. Todas elas foram ameaçadas de veto e as explicações eram sempre as mesmas: "forte conteúdo subversivo", "incitamento à ordem pública e fomento à luta armada". Depois de insistente luta jurídica, o cantor conseguiu a liberação de nove das doze canções que comporiam seu novo *long-play*, marcando sua volta ao Brasil.

O verdadeiro motivo do veto às suas canções passava por outras esferas. Em 1983, quando do seu retorno ao país, Taiguara decidiu cantar a canção *Cavaleiro da esperança*, em homenagem a Luiz Carlos Prestes. Assim, a censura se pegou em dois motivos que, segundo os critérios dos senhores da DCDP, justificaria o veto às doze canções de Taiguara. Primeiro, o fato de cantar em público uma "peça lítero-musical" (era assim que a censura chamava as canções populares) já proibida e, segundo, por estar homenageando uma personalidade que era o símbolo da resistência dos desmandos políticos dos militares. Foi somente com o amparo do seu advogado, a ajuda e o bom senso de Ricardo Cravo Albin, membro do CSC – Conselho Superior de Censura, que o compositor Taiguara conseguiria liberar as outras três canções censuradas: *Voz do leste, Mescla racial* e *Tche Tajira*. Convém registrar que as duas últimas canções foram escritas em espanhol e, portanto, não haveria real motivo para serem censuradas. Não só por seu próprio conteúdo, mas também porque seriam cantadas para o grande público em outro idioma.

Claudio Tozzi

IX
A abertura política

Nessa época, a censura, em que pesem as inúmeras arbitrariedades cometidas, já não era tão visivelmente violenta e castradora como nos anos que se seguiram após a assinatura do AI-5, em 13 de dezembro de 1968. Com o início do governo Geisel, a política brasileira tomou novos rumos. Começou aqui o processo de abertura política, que só se consolidaria com o final do governo do presidente Figueiredo, em 15 de março de 1985. Gradual, lentamente e com muita cautela. Foi essa a forma encontrada pelo presidente Geisel e seu mais importante colaborador, o general Golberi do Couto e Silva, para a redemocratização do Brasil. Aliás, em seu discurso de agosto de 1974 aos dirigentes da Arena, partido do governo, o próprio presidente anunciava que teríamos na política uma "lenta, gradativa e segura distensão". E foi o que efetivamente ocorreu, mas não de forma linear.

O lento processo de abertura política teve seus percalços. Em certos momentos, sérias dificuldades que redundariam mesmo em retrocessos ou até paralisações da caminhada rumo à democracia. De qualquer modo, é preciso reconhecer que o processo de transição foi realizado com o mínimo de traumas possíveis, como atesta o historiador Ronaldo Costa Couto: "Apesar de muito longa, é crescentemente reconhecida e creditada a seus idealizadores e executores militares e civis como um projeto de sucesso. Afinal, a ditadura foi se apagando de forma controlada e concentrada; as Forças Armadas entregaram o poder de modo não traumático: e o Brasil chegou à democratização sem a tutela militar a que se sujeitaram países como o Chile, por exemplo, em que o ex-presidente militar, general Augusto Pinochet, manteve-se como chefe militar do novo governo civil e democrático"[72].

De fato, devemos reconhecer que o delicado processo de transição foi realmente bem conduzido. Havia, na verdade, nesse momento, grande interesse de toda a sociedade brasileira pela redemocratização do país. A oposição e o governo passariam a dialogar de forma mais inteligente e objetiva. A idéia de que os militares teriam planos para se manter no poder começaria a ceder espaço para a verdade quando, em 1975, o presidente Geisel tomou medidas liberalizantes. É bem verdade que, como estratégia para conter os ânimos da chamada "linha dura" dos militares, em certos momentos e circunstâncias, adotaria medidas repressivas. Nenhuma delas, porém, significou, objetivamente, retrocesso ou paralisação do processo de redemocratização. Em janeiro daquele ano, de forma muito discreta, o governo suspenderia a censura aos jornais *O Estado de S. Paulo* e *Folha de S. Paulo*. Mas, certamente, o mais difícil e grave episódio durante a distensão política planejada ocorreu mesmo entre os próprios militares.

Em São Paulo, o governo teve que enfrentar abertamente a truculência do grupo "linha dura", disposto a continuar mantendo a barbárie e a tortura, como forma de perseguição à guerra de guerrilhas que, rigorosamente, já havia sido eliminada. No fundo, um comportamento de idéias malévolas, cujo principal objetivo era eliminar, destruir o processo de redemocratização do país. O sórdido recurso da tortura em certos casos vinha acompanhado do "desaparecimento" do preso político. Foi o que aconteceu em outubro de 1975 com o jornalista Vladimir Herzog, diretor de jornalismo

---

72. COUTO, Ronaldo Costa. Op. cit., p. 133.

da TV Cultura e professor da Universidade de São Paulo. Por suas possíveis ligações com o Partido Comunista Brasileiro, foi intimado a prestar esclarecimentos ao DOI-CODI e de lá não saiu vivo. Foi enforcado em sua cela, depois de ser torturado até a morte. Fato semelhante ocorreria em janeiro de 1976, com o metalúrgico Manuel Fiel Filho, nas mesmas dependências do DOI-CODI. E, mais uma vez, o óbito oficial indicava suicídio por enforcamento. Pura farsa, é claro.

As atrocidades e o abuso de poder praticados pelo grupo linha dura fizeram com que o governo tomasse decisões enérgicas e objetivas. Na verdade, havia uma espécie de poder paralelo em São Paulo, liderado pelo general Ednardo d'Ávila Melo, comandante do II Exército. O presidente Geisel exonerou o general Ednardo e nomeou Dilermano Gomes Monteiro, outro general da sua inteira confiança. A situação melhorou significativamente, mas ainda não o suficiente para acabar com as arbitrariedades e o abuso de poder em algumas ocasiões. Em setembro de 1977, os estudantes se reuniram na Universidade Católica para discutir e rearticular a ENE. Liderada pelo coronel Erasmo Dias, a Polícia Militar invadiu o campus e agiu com uma violência assustadora, espancando não só alunos mas também funcionários, que nada tinham a ver com a reunião dos estudantes. Houve ainda lançamento de bombas que vitimou seriamente cinco estudantes com graves queimaduras. Mais tarde, a análise química que se fez dos resquícios das bombas atestaria a presença de ácido corrosivo.

Todo o processo de abertura política por que passou o país teve sutilezas que devem ser consideradas. Uma delas, por exemplo, é analisada com muita precisão pelo historiador Boris Fausto que, a meu ver, introduz uma nova vertente de discussão para melhor entender a "luta interna" travada entre o Estado e as Forças Armadas. Vejamos as palavras do autor: "Esse termômetro se localiza nas relações entre as Forças Armadas e o poder. O poder fora tomado pelos órgãos de repressão, produzindo reflexos negativos na hierarquia das Forças Armadas. Um oficial de patente inferior podia controlar informações, decidir da vida ou morte de pessoas conforme sua inserção no aparelho repressivo, sem que seu superior na hierarquia militar pudesse contrariá-lo. As funções e os princípios básicos das Forças Armadas eram assim distorcidos, trazendo riscos à integridade da corporação militar. Para restaurar a hierarquia, tornava-se necessário neutralizar a linha dura, abrandar a repressão e, arduamente, promover a 'volta dos militares aos quartéis'. Por outro lado, lembremos que a 'democracia relativa' era uma meta buscada pelo grupo castellista desde 1964"[73]. O trecho do autor é longo, mas muito esclarecedor. Por ele, nota-se com clareza, que havia uma luta política interna pelo poder entre os próprios militares.

Se, de uma parte, o governo do presidente Geisel objetivava, de fato, a abertura política lenta, gradual e segura, não é menos verdade que, em certos momentos, usou o poder para tomar medidas casuísticas e beneficiar sua gestão. Basta lembrar, por exemplo, o polêmico e autoritário "pacote de abril". Entre tantas arbitrariedades nele contidas, merece destaque a criação do "senador biônico". Esta foi a forma espúria, bastarda e ilegítima que o governo encontrou para manter sua maioria no Congresso Nacional e submeter a oposição às suas decisões. A crescente-se, ainda, que o "pacote" surgiu em decorrência de grave crise política entre os poderes Executivo e Legislativo, quando o governo não conseguiu aprovar algumas alterações na Constituição brasileira. Por conta disso, o presidente não hesitou. Colocou o Congresso em recesso por quinze dias, passando a governar o país por decreto. Com isso, realizou todas as emendas que não seriam aprovadas democraticamente pelo voto,

---

73. FAUSTO, Boris. *História do Brasil*, São Paulo, Edusp, 2004, p. 490.

entre elas, o aumento do mandato do presidente da República de cinco para seis anos. As justificativas para que o governo se valesse dos poderes ditatoriais do AI-5 fechando o Congresso nunca se tornaram públicas. Oficiosamente, no entanto, o argumento era de que o momento político do país não permitiria ainda tantos poderes com a oposição. Isso poderia comprometer o processo de abertura política lenta, gradual e segura, como havia sido planejado por Geisel e Golberi no início do governo.

De outra parte, a fidelidade ao seu projeto político levaria o presidente a tomar medidas e decisões importantes em direção à redemocratização do país. Uma delas, já vinha alimentando a idéia há certo tempo e esperando o momento preciso: demitir o general Sylvio Frota, ministro do Exército e principal líder da linha dura dos militares, de quem não gostava e do qual discordava sistematicamente. Em 12 de outubro de 1977, o presidente Geisel nomeou o general Fernando Belford Bethlem novo ministro. Com isso, liquidou as pretensões de Sylvio Frota, que desejava ser seu sucessor, e deu um duro golpe na ala radical militar, que não queria a continuação da abertura política. A revogação do AI-5, o mais autoritário e abrangente de todo o período militar, começaria a ser articulada em meados de 1978. A Emenda Constitucional nº 11, aprovada pelo Congresso Nacional, tratava de mudanças que pudessem facilitar a abertura política. Entre outras coisas, ela estabelecia a revogação definitiva do AI-5, a partir de janeiro de 1979. O presidente Geisel considerava a revogação desse ato institucional uma das mais importantes decisões tomadas por seu governo: "Fiz algumas coisas boas para o país. Dei alguns impulsos no progresso material, na melhoria do quadro social e político, e consegui vencer todas as resistências e acabar com o AI-5, que era uma das excrescências que tínhamos".

Se no plano político tudo corria de acordo com o que havia sido planejado, o mesmo já não se podia falar da nossa economia. Fatores externos, como a Guerra do Yom Kippur, em 1973, deflagraram uma grande crise internacional do petróleo. Os países árabes entram em conflito com Israel e, por conta disso, limitariam sensivelmente a produção de petróleo, provocando grande aumento de preços. Nessa época, ainda importávamos 80% do nosso consumo interno. Essa situação afetou nossa economia e o ritmo de crescimento do país seria afetado por essa e outras causas. Nos anos do "milagre brasileiro" (época do presidente Médici), o PIB do país crescia, em média, entre 7,5 e 9,5%, mas entre 1974 e 1978 a média ficaria em 6,5%. Ainda era um crescimento expressivo, mas a inflação já ameaçava seriamente o poder aquisitivo da sociedade brasileira, subindo, nesse mesmo período, 37,9%. O que impressionava os especialistas é que toda essa situação promovia uma concentração de renda ainda não vista no país.

Nossa dívida externa crescia e, mesmo assim, continuávamos a contrair mais empréstimos junto aos órgãos financeiros internacionais. Eles eram necessários e não tínhamos outras alternativas. Todo o quadro econômico dava nítidos sinais de que estávamos saindo da fase do "milagre" para entrar em outra realidade mais compatível com as reais condições da nossa economia. Analisando esse momento, o historiador Boris Fausto atenta para nossas dificuldades, da seguinte forma: "Outro problema surgia no horizonte: a dívida interna começava a pesar, pelo mecanismo da correção monetária e pelo pagamento de juros elevados, comprometendo o orçamento da União. A indexação anual dos salários, isto é, a sua correção apenas de ano em ano, contribuía para agravar o descontentamento dos assalariados"[74].

Com o processo de abertura política em pleno curso e a economia dando claros sinais de debilidade, começam a surgir as reivindicações por intermédio dos sindicatos. Tratava-se de um novo

---
74. FAUSTO, Boris. Op., cit. p. 497-98.

sindicalismo mais forte e mais independente da tutela do Estado. É nesse momento que, no Sindicato dos Metalúrgicos de São Bernardo e Diadema, durante as greves de 1978 e 1979, surge a figura do nosso presidente, Luís Inácio Lula da Silva, como grande líder nas assembléias no estádio da Vila Euclides.

Como já mencionei no início deste livro, a história sociopolítica do nosso país e sua música popular têm percorrido trajetórias paralelas. Por meio do texto poético, a canção popular tem marcado presença e participado criticamente da história política brasileira. É o caso, por exemplo, da canção *Milagre brasileiro* de 1975, de Chico Buarque, quando ainda usava o pseudônimo de "Julinho de Adelaide" para driblar a censura. Transcrevo o texto poético para fazer alguns comentários:

Milagre brasileiro

Cadê o meu?
Cadê o meu, ó meu?
Dizem que você se defendeu
É o milagre brasileiro
Quanto mais trabalho
Menos vejo dinheiro
É o verdadeiro *boom*
Tu tá no bem-bom
Mas eu vivo sem nenhum

Cadê o meu?
Cadê o meu, ó meu?
Eu não falo por despeito
Mas também, se eu fosse eu
Quebrava o teu
Cobrava o meu
Direito

Se, de uma parte, a economia do país crescia, de outro lado, não é menos verdade que as diferenças entre as classes sociais aumentavam também. Em termos bem didáticos, podemos dizer que os ricos ficavam ainda mais ricos e os pobres, otimistamente, permaneciam na mesma situação. Esse fenômeno chama-se má distribuição da riqueza produzida no país ou, se quisermos, concentração de renda. A canção *Milagre brasileiro,* faz menção a essa questão, mas vai um pouco além. Há toda uma ambigüidade, permitindo inferir coisas como corrupção, apropriação indébita do erário e outras desonestidades para com o patrimônio público e o Estado. Algo assim, muito semelhante ao que estamos presenciando neste ano de 2005, com as denúncias em grande parte já comprovadas, feitas pelo deputado Roberto Jefferson, sobre membros do governo Lula. Aliás, a meu ver, o grande mérito dessa canção, no tocante às questões políticas, é justamente o fato de não perder sua contemporaneidade em todos os sentidos. Quando Chico Buarque diz "Cadê o meu? Cadê o meu, ó meu? Dizem que você se defendeu", pode-se fazer diversas leituras, mas uma delas, com certeza, está implícita. Na expressão "Dizem que você se defendeu" está claro o seguinte: você já garantiu uma certa quantia e está tranqüilo,mas e eu, como fico?, eu que "Quanto mais trabalho, menos vejo dinheiro, cadê o meu, ó meu?" A interpretação tanto pode ser em relação à má distribuição da riqueza gerada com o trabalho como uma alusão à corrupção, fato tão contemporâneo em nosso país quanto a concentração de renda. Na frase "Cadê o meu, ó meu?", além da bem-humorada brincadeira com a gíria paulistana (ó meu), há uma nítida cobrança: trabalhando ou não, você já defende a sua parte, e eu que trabalho cada vez mais, onde está a minha parte? "Cadê o meu, ó meu? Tu tá no bem-bom, Mas eu vivo sem nenhum".

Seja como for, o fato é que a canção de Chico Buarque diz muito mais do que mostram as simples aparências. Ela atravessou o tempo para tornar-se contemporânea do chamado "mensalão", da corrupção dos correios, dos dólares transportados escondidos na cueca de um espúrio senhor que aceitou servir de "mula" para outros espertalhões. Passados exatamente trinta anos do declínio do "milagre brasileiro" dos militares, o trabalhador de hoje deve estar fazendo a mesma pergunta: "Cadê o meu, ó meu?"

A abertura política

A resposta aos apelos do trabalhador contemporâneo nesta situação só poderia ser dada pelos aliados políticos do governo que formam sua base de apoio no Congresso Nacional. Hoje não temos mais Ponte Rio-Niterói, Binacional Itaipu, Transamazônica, entre outras obras de grande porte, para "justificar" gastos inexplicáveis dos dinheiros e bens do Estado. Já vai longe o autoritarismo militar na política brasileira, quando quase nada se sabia sobre os gastos públicos. À sociedade competia contribuir com o pagamento de tributos e outras obrigações. O Estado militar se encarregava de gastar esse dinheiro, sem dar explicações. Formalmente, a democracia no país foi restabelecida em 1985, mas alguns hábitos, costumes e comportamentos de parte dos nossos políticos ainda permanecem perdidos no tempo ou, otimistamente, parados nos anos 1970, exatamente o período mais rigoroso do autoritarismo militar. Estou me referindo à ética, transparência de ações, atitudes e comportamento probo. Todos os políticos (há algumas exceções, é claro) falam de forma empolada, gongórica sobre esses valores, mas apenas alguns os praticam de fato.

Nesse sentido é que a canção popular trouxe importantes contribuições para a democratização do país. Os anos 1960 e 1970 são férteis de exemplos dessa natureza. A denúncia política e social, a corrupção, as arbitrariedades, entre outros temas, estão presentes na música popular brasileira. Esse período de duas décadas foi o mais fecundo, sem dúvida, mas há uma longa tradição na nossa música popular, em participar criticamente das coisas que acontecem na política e na sociedade brasileira. Nas duas décadas subseqüentes, a canção popular não perdeu o seu mote. Continua atenta para as coisas que aqui acontecem. Apenas o contexto político é outro e o país democratizou-se. Assim, o discurso não pode ser o mesmo dos anos 1960 e 1970, passa a ser outro. Nesse sentido é que se torna possível uma leitura sociopolítica do país, por meio de textos poéticos da canção popular.

Carlos Fajardo

X
O governo Figueiredo

Quando em 15 de março de 1979, o presidente Figueiredo fez seu discurso de posse, entre outras coisas, disse o seguinte: "Juro fazer deste país uma democracia [...] É para abrir mesmo, e quem quiser que não abra eu prendo, arrebento". Certamente esta não é a forma mais adequada de um presidente fazer seu juramento. É preciso entender, porém, que seu nome foi meticulosamente escolhido pelo presidente Geisel, porque significava assegurar a continuidade do processo de abertura política iniciado em seu governo. E isso realmente aconteceu, de acordo com o cronograma elaborado pelos militares, que desejavam a redemocratização do país. Antes, no entanto, Geisel teria de enfrentar as tentativas da "linha dura" do Exército de concorrer à presidência da República. O general Sylvio Frota lançaria sua candidatura em maio de 1977, vista como verdadeiro desafio ao prestígio e ao poder do presidente Geisel. E mais do que isso, sua campanha baseava-se exatamente em não dar continuidade ao processo de abertura política. Suas maiores críticas ao presidente continham acusações de que era medroso, inseguro e estava sendo pusilânime com os comunistas. A reação de Geisel foi firme e imediata: demitiu seu ministro do Exército e, com isso, eliminou qualquer possibilidade da candidatura de Sylvio Frota.

Após tomar posse, o presidente Figueiredo já encontraria a economia em situação preocupante. A inflação herdada do período Geisel ganhava proporções ainda maiores. Os empresários brasileiros se beneficiavam com esse quadro e tinham apoio de alguns setores do próprio governo que recebiam mais dinheiro e podiam assim mostrar mais realizações. No plano internacional, a situação se tornaria ainda mais difícil, como mostra Boris Fausto: "Um segundo choque do petróleo, com a conseqüente elevação de preços, agravou o problema do balanço de pagamentos. As taxas internacionais de juros continuaram subindo, complicando ainda mais a situação. A obtenção de novos empréstimos era cada vez mais difícil e os prazos para pagamento se estreitavam"[75]. Em face desse quadro econômico, o país enfrentaria séria recessão entre 1981 e 1983. Em vez de crescer, o que seria um processo natural se a economia não tivesse alguns percalços, o país encolheria em seu PIB – Produto Interno Bruto[76], cerca de 1,6%. Em outros termos, a economia que já estava combalida, andaria um pouco para trás. Assim, o salário do trabalhador perdia ainda mais seu poder de compra, justamente pelo forte processo recessivo. A dramática diminuição das atividades econômicas, motivada pela sensível queda da produção geraria crise, desemprego e o natural retraimento da demanda por produtos do setor terciário. O quadro econômico-social do nosso país era desolador. Nesse momento, todos os nossos problemas sociais (e nunca foram poucos) seriam potencializados. Um aspecto, no entanto, causaria perplexidade a toda a sociedade. Em todos os cantos do país, ocorreriam saques sistemáticos às casas de comércio, especialmente (mas não só) aos supermercados. A dolorosa e dura explicação dos saqueadores flagrados era uma só: estavam desempregados, sem dinheiro nenhum, e sua família passava fome.

    O que chamou a atenção do país é que os saques não eram atos isolados. Muitas pessoas, diariamente, nas grandes capitais e nas

---

75. FAUSTO, Boris. Op. cit., p. 502.
76. O PIB – Produto Interno Bruto é toda a produção de um país, incluindo os gastos de depreciação. Em outros termos, é toda a riqueza conseguida por um país, pelos seus setores de produção.

cidades do interior, saqueavam casas comerciais de alimentação para comer. Ainda não existem pesquisas quantitativas sobre esse flagelo, por isso não é possível mensurá-lo neste momento. Enquanto isso, a inflação, mal cruciante do país, mantinha-se em patamares médios assustadores de 97,4% ao ano. É só a partir de 1984 que vamos sair desse quadro sinistro. Nossas exportações passariam a liderar o crescimento econômico e, aos poucos, sairíamos da delicada situação que os economistas chamam de estagflação, isto é, estagnação da economia, agravada pelo aumento do desemprego, combinado com a inflação, que é o aumento contínuo de preços. No final do governo do presidente João Figueiredo, a economia do país já estava novamente em discreto crescimento. Tanto é assim que, quando o presidente José Sarney assumiu, em março de 1985, o quadro econômico mostrava sensível aumento das exportações, queda das importações e ligeira retomada do crescimento.

No plano político, o presidente Figueiredo dava claros sinais de que cumpriria com seu juramento. O ministro da Justiça, Petrônio Portela, e o general Golbery do Couto e Silva foram os artífices encarregados de prosseguir nas articulações políticas da abertura. Assim, em agosto de 1979, ainda que contendo algumas imperfeições, o Congresso Nacional aprovou a Lei da Anistia, possibilitando a volta de todos os exilados políticos que haviam deixado o país. O tom dissonante dessa lei estava em anistiar também todos os responsáveis pelas torturas ocorridas nos governos militares. Essa medida desagradaria aos mais diversos setores e segmentos da sociedade que lutaram pela redemocratização do país. A expectativa era de que os responsáveis pelas práticas de torturas fossem julgados por seus atos. De outra parte, a própria oposição reivindicava anistia ampla, geral e irrestrita. De certo modo, esse argumento, ainda que involuntariamente, beneficiaria os torturadores. Tanto é assim que eles também foram anistiados. Ao mesmo tempo, se o governo deixasse os torturadores sem anistia, estaria admitindo oficialmente a prática de tortura durante os governos militares anteriores. Isso poderia causar algumas cisões no quadro político brasileiro. Militares e civis que antes governaram o país poderiam reagir como se fosse delação do governo Figueiredo. E aí, sim, haveria um imenso qüiproquó político a deslindar.

No balanço geral desse quadro, a lei anistiou "crimes de qualquer natureza relacionados com crimes políticos ou praticados por motivação política"[77]. Com isso, para decepção de diversos segmentos da sociedade, os responsáveis pelas torturas em nosso país foram premiados (será que o termo é correto?) com a anistia. Seja como for, podendo ou não, usar esta expressão, nesse momento, inevitavelmente me lembro de um trecho de *Apesar de você:*

> Quando chegar o momento
> Este meu sofrimento
> Vou cobrar com juros, juro
> Todo esse amor reprimido
> Esse grito contido
> Este samba no escuro
> Você que inventou a tristeza
> Ora, tenha a fineza
> De desinventar
> Você vai pagar e é dobrado
> Cada lágrima rolada
> Nesse meu penar.

O texto poético de Chico Buarque, de tão claro e preciso, dispensa interpretações. O que a sociedade desejava, efetivamente, é que se fizesse justiça aos responsáveis pelas torturas. A grande frustração coletiva vem do fato de pessoas que mandaram torturar seus adversários políticos até a morte terem sido absolvidas sem qualquer julgamento.

---
77. Texto contido na obra de Boris Fausto já citada, p. 504.

A abertura política seguiria seu curso e, ainda em 1979, o governo restabeleceu a pluralidade partidária. A Arena – Aliança Renovadora Nacional e o MDB – Movimento Democrático Brasileiro desapareceram e, em seus lugares, criou-se o PDS e o PMDB. Surgiram ainda o PDT de Leonel Brizola e o PTB de Ivete Vargas, neta de Getúlio Vargas.

Insistindo e apostando no retrocesso político, os militares da linha dura usaram a mesma estratégia da esquerda radical dos anos 1970. Passaram a explodir bombas contra entidades civis que apoiavam a redemocratização. Foi o que aconteceu, por exemplo, com a sede da OAB – Ordem dos Advogados do Brasil: uma carta-bomba matou a secretária da entidade, Lida Monteiro da Silva. O episódio mais grave, porém, ocorreu a 30 de abril de 1981, no Centro de Convenções do Rio Centro, durante um festival de música popular. Um fato inusitado iria denunciar as ações da linha dura militar. A bomba, que deveria ser detonada no interior das instalações do Rio Centro, não chegou até lá. Ela explodiu bem antes, no estacionamento do local, dentro de um automóvel ocupado por dois militares do Exército. Um sargento morreu no momento da explosão e um capitão ficou seriamente ferido. Desta vez, o imponderável e a irônica fatalidade derrotaram a linha dura e trabalharam pela redemocratização do país.

Em 1982, teríamos restabelecidas as eleições legislativas para governadores e prefeitos. Em estados como São Paulo, Paraná, Rio de Janeiro e Minas Gerais, a oposição sairia vitoriosa. De certa forma, esse era um sinal de que o país já desejava eleições diretas para presidente da República após o mandato do presidente Figueiredo, embora o governo ainda tivesse confortável maioria no Congresso. Era esta casa que iria decidir qual o tipo de eleição: se direta ou indireta. A campanha pelas Diretas já ganhava as ruas das grandes cidades brasileiras com muita força. O eleitor brasileiro acreditava, equivocadamente ou não, que a grande maioria dos problemas de base do país poderia ser resolvida com as eleições diretas. O fim da inflação, melhores salários, mais empregos e a casa própria eram os sonhos acalentados por uma população já quase exaurida em suas esperanças. Mas o Congresso Nacional, de maioria do governo, não estava nessa mesma sintonia. Tanto é assim que a emenda Dante de Oliveira, do deputado mato-grossense do PMDB, foi votada no Congresso e derrotada. Ela trazia a proposta de eleições diretas para presidente da República. Houve grande frustração popular, mas o fato estava consumado. O substituto do presidente Figueiredo não seria escolhido diretamente pelo eleitor, e sim por um colégio eleitoral formado por 479 congressistas.

No início do movimento pelas Diretas Já, os veículos de comunicação, e em especial a televisão, tiveram discreta participação. No entanto, desde o primeiro comício realizado em Curitiba, a 12 de janeiro de 1984, até o último em São Paulo, no dia 16 de abril, ficaria cada vez mais difícil a missão da grande imprensa. Tanto é assim que a TV Globo, a mais importante emissora de televisão do país já naquela época, começaria a noticiar muito timidamente o movimento pelas Diretas Já. As notícias eram veiculadas apenas nos telejornais locais. Não se tratava de boicote ao movimento, é claro, mas, ao mesmo tempo, não veicular as notícias em rede nacional era uma forma de minimizar a força de todo o movimento. A explicação para esse procedimento foi dada justamente pelo presidente das Organizações Globo, o jornalista Roberto Marinho, à revista *Veja* de 5 de setembro de 1984. Disse ele: "Achamos que os comícios pró-diretas poderiam representar um fator de inquietação nacional e, por isso, realizamos num primeiro momento apenas as reportagens regionais. Mas a paixão popular foi tamanha que resolvemos tratar o assunto em rede nacional"[78]. É bastante ponderada

---

78. Depoimento retirado do livro *Jornal Nacional: a notícia faz história*, Rio de Janeiro, Jorge Zahar, 2004, p. 156. Trata-se de um documento de produção coletiva realizado por diversos profissionais, como consta da página 14.

a atitude inicial tomada pela TV Globo. Mais tarde constatou-se que o motivo não era exatamente esse, e sim pressão política vinda do Palácio do Planalto.

No decorrer da campanha, porém, essa emissora não poderia manter tal postura. Foi uma prudência exagerada. A grande mobilização popular em todo o país pelas Diretas Já não poderia ser minimizada pela maior emissora de televisão, sob pena de perder o "bonde da história". Afinal de contas, não se tratava apenas de mais um acontecimento histórico. Tratava-se, isto sim, da maior mobilização popular em toda a história do país e, como tal, um fato histórico de grande magnitude. Nesse sentido, não me parece que a TV Globo passou a noticiar nacionalmente os comícios por qualquer outra motivação que não o receio de ficar isolada e sem dar notícias do maior acontecimento cívico e político do país. Toda a grande imprensa brasileira estava presente, dando informações ao vivo do que estava acontecendo. O caso do comício na Praça da Sé em São Paulo, no dia 25 de janeiro, causou mal-estar entre a TV Globo, os organizadores das Diretas Já e parte da população paulistana, que resolveu prestigiar o evento. Se foi um lapso da televisão ou não, o fato é que a notícia dada pelo Jornal Nacional se referia apenas ao aniversário da cidade, ignorando o grande comício do qual participariam dois milhões de pessoas, de acordo com as estimativas da polícia militar. Em certo momento, no livro *Jornal Nacional – a notícia faz história,* de autoria coletiva, há certo reconhecimento de omissão para com o movimento das Diretas Já. Vejamos o texto: "Não há dúvida, no entanto, de que a maneira como a Globo noticiou o comício da Sé e o fato de que tinha deixado de destacar nacionalmente os comícios de Curitiba, Vitória, Salvador e Campinas deixaram irritados não só os organizadores do movimento, como também a parcela da população mais diretamente envolvida com a campanha"[79].

---
79. *Jornal Nacional: a notícia faz história.* Op. cit., p. 158.

De outra parte, é preciso interpretar para entender a posição assumida pela TV Globo. Essa quase omissão, que chega à opinião pública com aparência de boicote às Diretas Já, tem suas origens na pressão do governo militar para não dar cobertura aos comícios. "Woile Guimarães, então diretor dos telejornais de rede, diz que ministros e generais ligavam para Roberto Marinho, ameaçando até mesmo retirar a concessão para o funcionamento da emissora: 'Acho que foi a maior pressão que a Rede Globo sofreu. Eu acompanhei um pouco a luta intestina aqui dos profissionais, tentando se solidarizar com o Dr. Roberto, que recebia pressões, talvez as maiores das quais eu fui testemunha"[80]. O depoimento de Woile Guimarães é plenamente crível e ainda tem o aval de outros conceituados profissionais, como Armando Nogueira e Ernesto Paglia, entre outros.

No cômputo geral da trajetória do governo Figueiredo, pode-se dizer que ficou uma grande frustração para a sociedade brasileira: a não-realização das eleições diretas para a presidência da República. Mas, especialmente por uma questão de justiça, é preciso registrar que o presidente Figueiredo era favorável às eleições diretas e declarou ao jornalista Álvaro Pereira, da TV Globo em novembro de 1983, o seguinte: "Se dependesse do meu voto, aprovaria. Só que o meu partido não abre mão do direito de escolher o futuro presidente"[81]. A referência era ao PDS, que sabia que sairia perdedor se as eleições fossem diretas. A alternativa era mesmo tentar manter-se no poder por eleições indiretas, mas mesmo assim não deu certo. Se o povo brasileiro não teve vitória nas urnas, sua participação ativa nos grandes comícios do movimento das Diretas Já foi determinante para o triunfo da democracia e da redemocratização do nosso país. Figuras da política brasileira que lutaram por essa causa seriam homenageadas por nossa música popular. É o caso, por exemplo, do

---

[80]. *Jornal Nacional: a notícia faz história*. Op. cit., p. 158.
[81]. *Jornal Nacional: a notícia faz história*. Op. cit., p. 155.

senador Theotônio Vilela, cujo trabalho e empenho pelas eleições diretas inspirou Milton Nascimento e Fernando Brant a comporem a canção *Menestrel das Alagoas,* em 1983. Mais tarde, com a morte de Tancredo Neves em 1985, é *Coração de Estudante*, dos mesmos parceiros, que traria a todo o país o sentimento de perda e de profunda melancolia. Os funerais do presidente eleito e morto foram mostrados pela televisão ao som dessa canção, criando um clima de grande comoção nacional. Nesse momento, a sociedade brasileira viveria sentimentos opostos: alegria pela saída dos militares do governo e o restabelecimento, ainda que indireto, da democracia no país. De outro lado, a tristeza incontrolável e certa insegurança com a morte de um presidente que, pelo menos naquele momento histórico, representava a redenção do país para grande parte da sociedade brasileira.

Referências bibliográficas

ABREU, Hugo. *O outro lado do poder*. Rio de Janeiro, Nova Fronteira, 1979.

ADORNO, Theodor W. *Conferência sobre lírica e sociedade*. In: *Os pensadores*. São Paulo, Abril, 1975, v. XLVIII.

ALBIN, Ricardo Cravo. *Driblando a censura: de como o cutelo vil incidiu na cultua.* Rio de Janeiro, Gryphus, 2002.

ALENCAR, Francisco e outros. *História da sociedade brasileira*. Rio de Janeiro, Ao Livro Técnico, 1980.

ALTHUSSER, Louis. *Ideologia e aparelhos ideológicos de Estado*. Lisboa, Presença, 1996

ARAÚJO, Mozart de. *A modinha e o lundu no século XVIII*. São Paulo, Ricordi Brasileira, 1963.

ARAÚJO, Paulo César de. *Eu não sou cachorro, não: música popular cafona e ditadura militar*. Rio de Janeiro/São Paulo, Record, 2003.

BENEVIDES, Maria Vitória. *O governo Kubitschek: desenvolvimento econômico e estabilidade política*. Rio de Janeiro, Paz e Terra, 1976.

BORELLI, Helvio. *Noites paulistanas*, São Paulo, Arte e Ciência Editora. 2005.

BORNHEIM, Gerd e outros. *Cultura brasileira: tradição contradição*. Rio de Janeiro, Jorge Zahar, 1987.

CALDAS, Waldenyr. *Luz neon: canção e cultura na cidade*. São Paulo, Studio Nobel, 1995.

CALDAS, Waldenyr. *Acorde na aurora: música sertaneja e indústria cultural*. São Paulo, Cia. Editora Nacional, 1979.

CAMPOS, Augusto de. *Balanço da bossa e outras bossas*. São Paulo, 4ª ed., Perspectiva, 1986.

CARVALHO, Gilberto de. *Chico Buarque: análise poético-musical*. Rio de Janeiro, Codecri, 1982.

CASTRO, Ruy. *Chega de saudade*. São Paulo, Cia. das Letras, 1991.

COUTO, Ronaldo Costa. *História indiscreta da ditadura e da abertura*. Rio de Janeiro, Record, 1998.

COHEN, Jean. *Estrutura da linguagem poética*. São Paulo, Cultrix, 2001.

CÚRIA METROPOLITANA. *Brasil, nunca mais*. São Paulo, 1990.

DIAS, Lucy. *Anos 70: enquanto corria a barca*. São Paulo, Senac, 2003.

DOLABELA, Marcelo. *ABZ do rock brasileiro*. São Paulo, Estrela do SUL, 1987.

FAVARETTO, Celso F. *Tropicália: alegoria, alegria*. São Paulo, Kairós, 1979.

FAUSTO, Boris. *História concisa do Brasil*. São Paulo, Edusp, 2001.

FAUSTO, Boris. *História do Brasil*. São Paulo, Edusp, 2004.

FISCHER, Ernst. *A necessidade da arte*. Rio de Janeiro, Zahar, 1999.

GASPARI, Elio. *A ditadura envergonhada*. São Paulo, Cia das Letras, 2002.

GEERTZ, Clifford. *A Interpretação das culturas*. Rio de Janeiro, Zahar, 1978.

GOMES, Bruno Ferreira. *Wilson Batista e sua época*. Rio de Janeiro, Funarte, 1985.

HOLLANDA, Chico Buarque de. *Letra e Música*. São Paulo, Cia. das Letras, v. I. 1990.

HOLLANDA, Heloisa B. de; GONÇALVES, Marcos A. *cultura e participação nos anos 60*. São Paulo, Brasiliense, 1995.

IANNI, Octávio *Estado e planejamento econômico no Brasil*, (1930-70). Rio de Janeiro, Civilização Brasileira, 1971.

IANNI, Octávio. *O Colapso do populismo no Brasil*, Rio de Janeiro, Civilização Brasileira, 1971.

JESUS, Carolina Maria de. *Quarto de despejo*. Rio de Janeiro, Francisco Alves, 1963.

Referências Bibliográficas

KRAUSCHE, Valter. *A música popular brasileira: da cultura de roda à música de massa*. São Paulo, Editora Brasiliense, 1983.

LEITE, Ivana Arruda. *Eu te darei o céu: e outras promessas dos anos 60*. São Paulo, Ed. 34, 2004.

MARTINS, Rui. *A rebelião romântica da Jovem Guarda*. São Paulo, Fulgor, 1966.

MARANHÃO, Ricardo. *O governo Juscelino Kubitschek*. São Paulo, Brasiliense, 1994.

MARIZ, Vasco. *História da música no Brasil*. Rio de Janeiro, Nova Fronteira, 2000.

MATOS, Olgária C.F., *A Escola de Frankfurt: luzes e sombras do iluminismo*, São Paulo, Moderna, 1993.

MEIGUINS, Alessandro. In: *Ditadura no Brasil, série Dossiê Brasil*. São Paulo, Abril, 2005.

MEDEIROS, Paulo de Tarso C. *A aventura da Jovem Guarda*. São Paulo, Brasiliense, 1984.

MORIN, Edgar. *A cultura de massa no século XX*. Rio de Janeiro, Forense, 1972.

MOTA, Carlos Guilherme, Ideologia da Cultura Brasileira (1933-1974). São Paulo, Ática, 1978.

MUGGIATI, Roberto. *Rock, de Elvis à beatlemania (1954-1966)*, São Paulo, Brasiliense, 1985.

MUGGIATI, Roberto. *Rock, o grito e o mito: a música pop como forma de comunicação e contracultura*. Petrópolis, Vozes, 1973.

NACIONAL, Jornal: *a noticia faz história*. Rio de Janeiro, Jorge Zahar. 2004.

PEREIRA, Carlos Bresser. *Desenvolvimento e crise no Brasil*. São Paulo, Brasiliense, 1976.

PEREIRA, Carlos Alberto M.; HOLLANDA, Heloísa Buarque de. *Patrulhas ideológicas: arte e engajamento em debate*. São Paulo, Brasiliense, 1980.

PRÈVOST, Claude. *Literatura, Política e Ideologia.*, Moraes Editores, Lisboa, 1986.

POUND, Ezra. *ABC da literatura*. São Paulo, Cultrix, 1973.

PUGIALLI, Ricardo. *No embalo da Jovem Guarda*. Rio de Janeiro, Ampersand, 1999.

RIBEIRO, Solano. *Prepare seu coração*. São Paulo, Geração, 2002.

RICARDO, Sérgio. *Quem quebrou meu violão*. Rio de Janeiro, Record, 1991.

RODRIGUES, Nina. *Os africanos no Brasil*. São Paulo, Cia. Editora Nacional, 1935.

SANTOS, Antonio Ribeiro dos. *manuscritos*. da Biblioteca Nacional de Lisboa, v. 130.

SEVERINO, J.; MELLO, Zuza H. *A canção no tempo*. São Paulo, Editora 34, 1998, v.2.

SILVA, Vítor Manuel de Aguiar e. *Teoria da Literatura*. Coimbra, Almedina, 1979.

TINHORÃO, José Ramos. *História social da música popular brasileira.*, Lisboa, Editorial Caminho, 1990.

TINHORÃO, José Ramos. *Pequena história da música popular*. São Paulo, Art Editora, 1991.

UNZELTE, Celso. *O livro de ouro do futebol*. Rio de Janeiro, Ediouro, 2002.

VASCONCELLOS, Gilberto. *De olho da fresta*. Rio de Janeiro, Edições de Graal, 1977.

VENTURA, Zuenir. *1968: o ano que não terminou*. Rio de janeiro, Nova Fronteira, 1988.

VILARINO, Ramon Casas. *A MPB em movimento: música, festivais e censura*. São Paulo, Olho d'Água, 1999.

VIEIRA, Jonas. *Orlando Silva: o cantor das multidões*. Rio de Janeiro, Funarte, 1985.

Este livro foi composto nas fontes Times New Roman e Frutiger pela
Art Style Comunicação e Design com finalização digital CTP e
impresso em off-set pela gráfica Alaúde sobre papel offset 90g/m^2
para a Musa Editora em outubro de 2005.